相続・遺言の
トラブル相談

基礎知識から
具体的解決策まで

東京弁護士会法律研究部相続・遺言部 [編]

Inheritance

発行 🔄 民事法研究会

は し が き

　最近、平成30年と令和３年に相続に関係する民法の改正がありました。

　遺産相続というのは、要するに亡くなった人の遺産を分けるだけですから、他人からみると複雑な問題には感じないかもしれません。実際、故人の遺産が預貯金だけで、しかも相続人同士の仲がよければ簡単に解決することも多いでしょう。

　ところが、預貯金のほかに、不動産があったり、証券があったり、生命保険があったりすると、どのように分ければよいか途端に難しくなって意見が対立することもあります。またあるいは、長男は故人から生前にたくさんの財産をもらっていたとか、長女は故人の介護をしていたとかの言い分が出てくると、遺産を等分に分けるのはかえって不公平ではないかという言い争いに発展することは少なくありません。

　時には、土地や預金の名義は故人名義になっているが、本当は私の物だという相続人が出てくることもありますし、行方不明になっている相続人や認知症を患っている相続人がいることもあるでしょう。

　このような争いや面倒を回避するために遺言という制度があります。故人の財産ですから、故人の意思のとおりに相続ができるのはよいことかもしれません。しかし、故人の気持とは裏腹に、故人は認知症だったから遺言は無効であると主張して裁判になることは意外に多いですし、遺言書の内容があいまいだったりすることもあります。そして何よりも配偶者や子には遺留分という最低保障もありますのでそのために裁判になることも多いです。

　このような争いの種があるため、仲がよい兄弟姉妹だったのに、いつの間にか激しい感情の対立に発展して二度と顔も見たくないという関係にもなるかもしれません。

　相続というのは、財産問題であるのと同時に家族問題でもあります。そのために解決方法も複雑ですし、長期化します。近年、立て続けに相続に関す

1

る法律が改正されているのも、少しでもスムーズに相続事件を解決するためです。

　本書は、東京弁護士会法律研究部の相続・遺言研究部の有志が、専門的知識も踏まえながら、読者の方々にできるだけわかりやすく工夫して執筆を心がけました。

　終わりに、この本の刊行にあたり、種々お世話いただいた民事法研究会編集部の竹島雅人氏の労に敬意を表し、御礼申し上げます。

　令和5年3月

東京弁護士会法律研究部相続・遺言部

部長　弁護士　仲　　　隆

<table>
<tr><td colspan="2">『相続・遺言のトラブル相談Q＆A』
目　次</td></tr>
</table>

第1章　相続人と相続分

第2章　特別受益と寄与分

第3章　特別寄与制度と配偶者居住権

第4章　相続の対象

第5章　遺産分割協議

第6章　遺産分割調停と審判

第7章　相続人の不存在

第8章　遺言書の作成

第9章　遺言の効力

第10章　死因贈与

第11章　遺留分

第12章　渉外相続

第13章　相続税

《凡　例》

［法令等］

民法	民法等の一部を改正する法律（令和 3 年法律第24号）により改正された後の民法
改正前民法	民法等の一部を改正する法律（令和 3 年法律第24号）により改正される前の民法
昭和55年改正	民法及び家事審判法の一部を改正する法律（昭和55年法律第51号）
平成30年改正	民法及び家事事件手続法の一部を改正する法律（平成30年法律第72号）
令和 3 年改正	民法等の一部を改正する法律（令和 3 年法律第24号）
遺言書保管法	法務局における遺言書の保管等に関する法律
一般法人法	一般社団法人及び一般財団法人に関する法律

［判例集等］

民録	大審院民事判決録
民集	最高裁判所民事判例集／大審院民事判例集
家月	家庭裁判月報
下民集	下級裁判所民事裁判例集
裁判所ウェブサイト	最高裁判所ウェブサイト「裁判例情報」
判時	判例時報
判タ	判例タイムズ
金判	金融・商事判例

第1章

相続人と相続分

Q1　相続の開始

> 　夫が数年前から行方不明になっています。夫には妻である私と2人の間の子がいます。夫名義の不動産や預金があるのですが、相続手続をすることはできないのでしょうか。

▶ ▶ ▶ Point

① 　相続は人の死亡により開始します。したがって、死亡が確認されないと相続手続をすることができません。ただし、法的に死亡したとみなす制度として「失踪宣告」制度があります。

② 　「認定死亡」といって、死亡の事実は確認できないけれども確実に死亡したと認められるような場合に便宜的に死亡として取り扱う制度があり、戸籍に記載した死亡の日に死亡したものと認められます。これらの制度によって相続手続を行うことが可能となります。

1 死 亡

　民法882条は、「相続は、死亡によって開始する」と規定しています。

　したがって、相続は人の死亡により開始し、相続人が被相続人の死亡を知らなくとも、または戸籍上の届出がなされていなくても、相続開始の効果として被相続人の権利義務が相続人に移転します。もっとも、死亡の事実が確認されないと相続手続を行うことはできません。

　人が死亡した事実は、死亡診断書または死体検案書、あるいは、これらがないときは「死亡の事実を証すべき書面」が添付された死亡届出書の提出によって戸籍に死亡が記載されることにより証明されます。

　すなわち、戸籍法上、人が死亡したとき同居の親族等の届出義務者は死亡

の事実を知った日から7日以内（国外で死亡した場合には3ヵ月以内）に届出をしなければならず（戸籍法86条1項）、その死亡届書には、「死亡の年月日時分及び場所」などを記載した診断書または検案書を添付しなければならないとされています（同条2項）。ただし、やむを得ない事由によりこれらを得ることができないときは、「死亡の事実を証すべき書面」をもって代えることができます（同条3項）。「死亡の事実を証すべき書面」というのは、たとえば震災などで行方不明になったままである者については遺体が発見されていないため、医師による診断書または検案書を添付して死亡届書を提出することができない場合に、「特定人が死亡した事実を認定するに足りる資料」をいい、死亡現認書などがこれにあたるとされています。

　こうして、この死亡届書に記載された「死亡の年月日時分」の記載が戸籍に記載にされるため、死亡者の戸籍謄本から、その死亡の有無、時期がわかることになります。

2　失踪宣告

(1)　意　義

　失踪宣告とは、民法30条で定めた一定の期間にわたり生死不明の者について、所定の時期に死亡したものとみなす制度です。

　この制度は、生死不明の場合、すなわち生存の証明も死亡の証明もできない場合に利用できる制度です。前述の「死亡の事実を証すべき書面」による死亡の届出や、後述の認定死亡制度は、死亡したことが確実である場合の制度ですので、基本的な点で違いがあります。

(2)　手　続

　一定の期間にわたり生死不明の不在者について、配偶者、親、子、保険金受取人などの失踪宣告につき法律上の利害関係を有する利害関係人は、家庭裁判所に失踪宣告の審判申立てを行うことができます。

　家庭裁判所の調査の結果、不在者の生存が確認できなかった場合、家庭裁

判所の掲示板と官報に失踪に関する公告が掲載され、公告を行ってから所定の期間が経過してもなお不在者の生死が明らかでないとき、家庭裁判所は不在者についての失踪宣告の審判を行うことになります。なお、公告期間については家事事件手続法148条3項に規定があります。

　失踪宣告の審判が確定した場合には、失踪宣告の審判申立てを行った者は、失踪宣告審判が確定した日から10日以内に審判書謄本に確定証明書を添付して失踪宣告の届出をすることになり（戸籍法94条・63条1項）、この届書に基づき、戸籍上に死亡とみなされる旨が記載されます。

　そして、死亡とみなされる場合、民法31条により失踪宣告の種類に応じて死亡とみなす「時期」が定められています。

(3)　種　類

(a)　普通失踪（民法30条1項・31条）

不在者の生死が7年間以上明らかでないときに、不在者を死亡したとみなす制度です（民法30条1項）。

不在者の生存が最後に確認できた時点から、7年経過した場合に申立てをすることが可能となります。

この場合、7年間の期間の満了時に不在者が死亡したものとみなされ（民法31条）、相続はこの時に開始します（失踪宣告の審判確定の日ではありません）。

(b)　特別失踪（危難失踪）（民法30条2項・31条）

戦地に臨んだ者、沈没した船舶に乗船していた者、その他死亡の原因となるべき危難に遭遇した者について、その生死が、戦争が終了した後、船舶が沈没した後、その他の危難の去った後1年間明らかでない場合に、その不在者を死亡したものとみなす制度です（民法30条2項）。

「死亡の原因となるべき危難」とは、遭遇すれば人の死亡する蓋然性が高い事変をいうものとされており、地震、火災、津波、山崩れ、雪崩、火山噴火、断崖からの転落、野獣による襲撃などが含まれます。

この制度では、危難の去った時に死亡したものとみなされ（民法31条）、相続はこの時に開始することになります（普通失踪の場合と同様、失踪宣告の審判確定の日ではありません）。

(4) 失踪宣告の取消し

認定死亡制度と異なり、失踪宣告制度は法律上死亡したものとみなす制度ですので、後日生存が確認されたり、死亡とみなされた時と異なる時に死亡したことの証明があったときには、本人または利害関係人は家庭裁判所に対し失踪宣告の取消しを求める審判を申し立てなければなりません（民法32条1項）。

３ 認定死亡

認定死亡は、水難、火災その他の事変により、死亡したことが確実な場合で、遺体未発見の場合に戸籍に死亡の記載をするための制度です。

水難、火災その他の事変により死亡した者がある場合について、その取調べをした官庁または公署は、死亡地の市町村長に死亡の報告義務を負うとされ（戸籍法89条）、その死亡報告によって戸籍に死亡の記載をすることができるとされています。なお、戸籍には正確な死亡時期がわからないことから「推定」と明記されます。

この認定死亡制度により、相続が開始し、相続手続などを進めることが可能となります。

しかし、前述の失踪宣告と異なり、法律上、死亡したものとみなすものではなく、推定にすぎません。そのため、後日生存が確認されたり、死亡日時が明らかになった場合には戸籍の訂正が行われ、また、相続手続に瑕疵が生ずることとなるので注意が必要です。

４ 高齢者職権消除

戸籍上の生年月日から、一般的に死亡している蓋然性が高い高齢者の場合

で、かつ、所在不明であり死亡の事実を確認することができない者について、職権で戸籍の消除をする場合があります（戸籍法24条2項・44条3項）。ただし、これは、あくまでも戸籍上の整理として行われるものであり、死亡および死亡時期を特定するものではありません。

　したがって、戸籍にこのような消除の記載がされている場合であっても「死亡の事実を証すべき書面」とはなりませんので、相続手続をするためには、失踪宣告制度などを利用しなければなりません。

5　設問の場合

　夫が数年前から行方不明とのことですので、行方不明の期間が7年を超えている場合には失踪宣告の審判申立てを行うことができます。ただし、7年以上行方不明であることの証拠となるものを揃える必要があります。失踪宣告の審判がなされれば夫を死亡したものとみなして相続手続をすることができます。

　また、行方不明の原因が水難、火災その他の事変によるもので、死亡したことが確実な場合には認定死亡制度を利用するとよいでしょう。

（仲隆）

Q2 相続人の範囲と順位

> 私の夫と夫の父親が乗っていた車が事故に遭い、2人とも亡くなってしまいました。夫の母親はすでに亡くなっています。夫には母親の違う弟がいると聞いたことがあります。夫の相続人、夫の父親の相続人はそれぞれ誰になるのでしょうか。また、どのように調べればよいでしょうか。
>
> もし、私が夫の子を妊娠していた場合には、どうなるでしょうか。

▶ ▶ ▶ Point

① 法定相続人となるのは、配偶者と血族相続人です。血族相続人には、相続順位があり、順位が高い人が相続人となります。被相続人の子が死亡していたときなどに、その人の子や孫が代わりに相続人となることがあります。

② 数人の人が死亡し、その人たちの死亡の前後が明らかでないときは、同時に死亡したものと推定されます。同時死亡者の間では、互いに相続は発生しません。

③ 胎児は、相続において出生したものと扱われ、相続人となることができます。

④ 相続人を確認するためには、被相続人の出生から死亡までの戸籍を取得して調査する必要があります。

1 相続人

　民法は、亡くなった人（被相続人）の遺産を相続する人（相続人）を定めています（法定相続人）。相続の手続は、通常、相続人全員で行う必要がある

ため、まずは相続人が誰かを確認する必要があります。相続人には、配偶者相続人と血族相続人がいます。

2　配偶者相続人

　配偶者は、常に相続人となります（民法890条）。配偶者以外に相続人がいない場合には、配偶者のみが相続人となります。

　ここでいう配偶者とは、籍が入っている夫または妻です（内縁配偶者については、Q4を参照してください）。

3　血族相続人

　血族相続人の相続順位は以下のとおりです。同じ順位の人が複数いる場合には、その全員が相続人となります。先順位の相続人がいない場合は、次順位の人が相続人となります。

⑴　第1順位　子、その代襲相続人（孫、ひ孫など）

　被相続人に子がいる場合、子が相続人となります（民法887条1項）。実子であるか養子であるか、嫡出子であるか非嫡出子であるかは問いません。

　被相続人の子が死亡したとき、相続欠格事由があるとき、廃除によって相続権を失ったときは、その人の子（被相続人の孫）がこれを代襲して相続人となります（代襲相続。民法887条2項本文）。なお、被代襲者が相続放棄をしたときは、代襲相続は発生しません。

　第1順位の代襲相続は、下の代に何代でも続きます。ただし、代襲相続ができるのは、被相続人の直系の卑属（孫、ひ孫など）だけです（民法887条2項ただし書）。被相続人と養子が養子縁組をした場合、縁組前に生まれた養子の子は代襲相続人にはなりませんが、縁組後に生まれた養子の子は代襲相続人になります。

⑵　第2順位　直系尊属（親、祖父母など）

　第1順位の相続人がいない場合、被相続人の直系尊属（親、祖父母など）

が相続人となります（民法889条1項1号）。親と祖父母が両方いる場合などには、親等の近い者（親）が相続人となります。

⑶ 第3順位 兄弟姉妹、その代襲相続人（甥・姪）

第1順位、第2順位の相続人がいない場合、被相続人の兄弟姉妹が相続人となります（民法889条1項2号）。相続人が兄弟姉妹の場合にも代襲相続が発生します（同条2項）が、第3順位の代襲相続は、一代（被相続人の甥、姪）だけです。甥や姪の子どもは代襲相続人になることはできません。

4 同時死亡の推定

数人の人が死亡した場合において、そのうちの1人が他の人の死亡後になお存在していたことが明らかでないときは、これらの人は、同時に死亡したものと推定されます（民法32条の2）。同時死亡者の間では、互いに相続は発生しません。

設問の場合、夫の父親は夫の相続人とはならず、夫も夫の父親の相続人とはなりません。夫の相続人は、質問者（配偶者）と夫の弟（兄弟姉妹）、夫の父親の相続人は夫の弟（子）のみとなります。

5 胎児の出生擬制

人は出生により権利の主体となりますが（民法3条1項）、この原則を貫くと、出生する時期次第で胎児に大きな不利益を及ぼす結果となることから、胎児は、相続については、すでに生まれたものとみなされます（同法886条1項）。死産となった場合には、相続人とはなりません（同条2項）。

胎児でいる間にも相続権を行使できるかについては争いがありますが、胎児自体には権利能力はなく、生まれたときに相続開始時にさかのぼって権利能力があったものと扱うとするのが判例です。

設問で質問者が妊娠している場合には、夫の相続人は質問者（配偶者）と胎児（子）、夫の父親の相続人は胎児（孫）と夫の弟（子）となります。

6　相続人の調査方法

　相続人を確定させるためには、被相続人が生まれてから死亡するまでの戸籍謄本等を取得することが必要です。まずは被相続人の本籍地で被相続人の戸籍（除籍）謄本を取得し、前の戸籍があれば、出生したときの戸籍にたどり着くまでさかのぼって取得していくことになります。代襲相続がある場合には、代襲者を確定するため、被代襲者の出生から死亡まで（死亡していない場合には相続開始時まで）の戸籍謄本を取得する必要があります。また、兄弟姉妹が相続人となる場合は、被相続人の父母それぞれの出生から死亡までの戸籍謄本が必要となります。

〔表 1〕　血族相続人

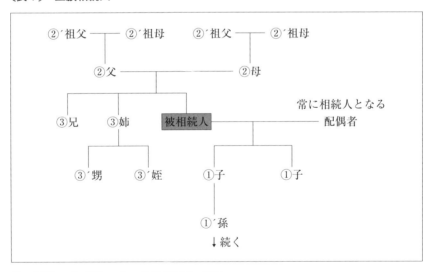

第 1 順位　子（①）、その代襲相続人（①′）
第 2 順位　直系尊属（②、②′）
第 3 順位　兄弟姉妹（③）、その代襲相続人（③′）

（後藤美海子）

Q3　二重資格の相続人

私は、父方の祖父（父の父親）と養子縁組をしています。父方の祖母と実の父はすでに死亡しています。実の父には弟（私の叔父）が、私には実の妹がいます。祖父（養父）の相続において、私の相続分はどのように計算されますか。

また、私が複数の相続資格をもつとすれば、どちらかの資格だけを放棄することはできますか。

▶ ▶ ▶ Point

① 養子縁組がなされることにより、相続資格が重複することがあります。相続資格が両立する場合には、相続分は合算されます。ただし、養子縁組が特別養子縁組である場合には、実親との親子関係が終了しているため、資格は重複しません。

② 相続資格が重複する場合、個別に相続放棄をすることが認められるかには争いがありますが、相続人の意思を尊重すれば、相続放棄を認めるべきと考えられます。

1　相続資格の重複

相続資格の重複は養子縁組（普通養子縁組）がなされることにより生じます。

養子縁組には、普通養子縁組と特別養子縁組があります。

普通養子縁組は、実親との親子関係を継続したまま、養親との新たな親子関係を生じさせる養子縁組です。養子になった人は、養親の嫡出子の身分を取得し（民法809条）、二つの親子関係をもつことになります。そのため、相

続において複数の相続資格が生じる場合があり（相続資格の重複）、複数の相続資格をもつ相続人は、二重資格の相続人となります。

　一方、特別養子縁組は、実親との親子関係を終了させ、養親との新たな親子関係を生じさせる養子縁組です。特別養子縁組には、普通養子縁組よりも厳しい要件があり、父母による養子となる人の監護が著しく困難または不適当であることその他特別の事情がある場合において、子の利益のため特に必要があると認めるときに成立します（民法817条の7）。実親との親子関係が終了するため（同法817条の9）、相続資格の重複の問題は生じません。

　相続資格が重複する場合、資格の併存を認め相続分を合算するかについて、通説は相続資格が両立する限り合算を肯定しています。

2 設問の場合

　設問のように同順位の複数の相続資格がある場合で（〈図1〉参照）、祖父Aとの縁組が普通養子縁組であったときには、Aの相続については（B、Cはすでに死亡）、Eの相続分は、Aの養子としての相続資格（相続分3分の1）と実父Cの子（孫：代襲相続）としての相続資格（相続分6分の1）が重複し、合算されて2分の1となります。

　一方、祖父Aとの縁組が特別養子縁組であったときには、実父Cの子とし

〈図1〉 同順位の複数の相続資格がある場合

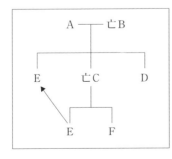

〈図2〉 異順位の複数の相続資格がある場合

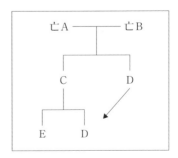

ての相続資格はありませんので、Aの養子としての相続資格による相続分3分の1のみとなります。

3 その他の場合

以下の説明においては、養子縁組はすべて普通養子縁組であることを前提とします。

(1) 異順位の複数の相続資格がある場合

異なる順位の複数の相続資格がある場合には、順位の高い相続資格によって相続人となり、他の順位では相続人とならないため、相続分の合算はされません。たとえば、弟Dが兄Cの養子となった場合、Cの相続においてDは第1順位の子（養子）としての相続資格と第3順位の兄弟姉妹としての相続資格があることになりますが、子の相続資格による相続分のみ取得することになります（前頁〈図2〉のCの相続においてDの相続分は2分の1）。

(2) 婚外子を養子にした場合

婚外子Dを養子にした場合には、養子縁組の目的が嫡出子の身分を取得することにあると考えられ、相続資格が両立しないため、嫡出子の資格だけに限定されます（次頁〈図3〉のBの相続においてDの相続分は2分の1）。

(3) 配偶者の実親の養子となった場合

夫Cが、妻Dの両親A・Bと養子縁組をしていた場合で、子がなく、A・Bも死亡しているときは、Dの相続においてCは、配偶者としての相続資格と兄弟姉妹としての相続資格を有することになります（次頁〈図4〉参照）。配偶者相続人と血族相続人という系列の異なる相続資格が重複する場合には並存を認めるべきでないとする学説もありますが、この場合についても資格の併存を認め相続分を合算すべきとするのが多数説です。〈図4〉の場合、Dの相続において、Cは、配偶者としての相続資格（相続分4分の3）と兄弟姉妹としての相続資格（相続分4分の1×2分の1＝8分の1）が重複し、相続分は合算されて8分の7となります。

〈図3〉 婚外子を養子にした場合

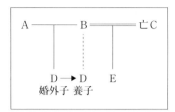

〈図4〉 配偶者の実親の養子となった場合

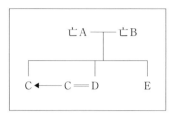

4 相続放棄

　相続資格が重複する場合、二重資格をもつ相続人は片方の相続資格についてのみ相続放棄をすることができるかについては争いがあります。

　設問は同順位の相続資格の場合（〈図1〉参照）ですが、異なる順位の相続資格を有する場合（〈図2〉参照）について、養子としての放棄は当然に兄弟姉妹としての放棄になるものではないとした下級審判例があります（京都地裁昭和34年6月16日判決・下民集10巻6号1267頁）。いずれのケースについても確定的な見解はありませんが、相続人の意思を尊重すれば、いずれかの相続資格のみの相続放棄を認めるべきと考えられます。

（後藤美海子）

Q4　内縁配偶者の相続

　私には長年いっしょに暮らしているパートナーがいますが、入籍はしておらず、事実婚の関係です。私に子、兄弟姉妹はおらず、父が亡くなっていますが、高齢の母は健在です。私が死亡した場合、私の財産はどうなるのでしょうか。母が私より先に亡くなっている場合はどうでしょうか。

▶ ▶ ▶ Point
① 　内縁関係にある配偶者は、法定相続人にはなりません。死後に内縁配偶者に財産を取得してもらうためには、遺言を残しておく必要があります。
② 　同居していた住宅に内縁配偶者が継続して居住できることがあります。また、社会保障制度等における保障を受けられる場合があります。
③ 　相続人がいない場合、特別縁故者として内縁配偶者に相続財産の分与が認められることがあります。

1 　内縁配偶者の相続権

　内縁関係とは、法律上の婚姻関係にはないものの、婚姻意思と夫婦共同生活の実体があることが認められる関係をいいます。民法は、配偶者を法定相続人としていますが（同法890条）、内縁関係にある配偶者は、同条の「配偶者」にあたらず、相続人となることができません。

　そのため、内縁配偶者に遺産を遺すためには、遺言を作成しておくことが必要です。この際、子や両親が法定相続人となる場合には、遺留分が発生するため、遺留分に配慮して作成しておくと相続トラブルの予防となります。

2　財産分与の類推適用の可否

　夫婦が離婚する場合には、財産分与の請求をすることができますが（民法768条）、判例は、内縁関係を解消する場合についても財産分与を類推適用することに合理性があるとしています。そのため、内縁関係にある配偶者の一方が死亡した場合においても、財産分与を類推適用し、他方配偶者を保護すべきであるという考え方があります。

　しかし、判例は「民法は、法律上の夫婦の婚姻解消時における財産関係の清算及び婚姻解消後の扶養については、離婚による解消と当事者の一方の死亡による解消とを区別し、前者の場合には財産分与の方法を用意し、後者の場合には相続により財産を承継させることでこれを処理するものとしている」ことから、相続に財産分与の法理を持ち込むことは法の予定していないところであるとして、類推適用を否定しています（最高裁平成12年3月10日決定・民集54巻3号1040頁）。

3　共有関係の主張

　亡くなった人と内縁の配偶者が共同経営をしていた家業の収益から不動産を取得した場合や内縁配偶者が不動産の取得費用を一部拠出した場合などに、名義が被相続人であっても、財産が共有状態にあると認められる可能性があります。また、夫婦共働きで双方から生活費を入金している場合などには、被相続人名義の預貯金についても共有財産となると考えられます。

　しかし、死後に共有状態を明らかにすることは容易ではないため、拠出額について金銭消費貸借契約書を作成しておく、共有関係にあることを確認する書面を作成しておくなどの方法をとっておくことが得策です。

4　住居権の確保

　亡くなった人に相続人がいない場合、居住用の借家に事実上夫婦の関係に

あった同居者があるときには、賃借人の権利義務を承継することができます（借地借家法36条）。

　亡くなった人に相続人がいる場合でも、内縁配偶者は、相続人に承継された賃借権を援用して、引き続きその建物に住み続けることができるとする判例があります（最高裁昭和42年2月21日判決・民集21巻1号155頁）。また、被相続人が所有していた家屋について、相続人から明渡請求がなされた場合について、権利の濫用として請求を認めないとする判例があります（最高裁昭和39年10月13日判決・民集18巻8号1578頁）。

　なお、内縁配偶者は、平成30年改正により新たに定められた配偶者居住権（民法1028条）および配偶者短期居住権（同法1037条）における「配偶者」にあたりませんが、類推適用ができるかは一応今後の争点となると考えられます。

5　特別縁故者への分与

　亡くなった人に相続人がいない場合、生計を同じくしていた人、亡くなった人の療養看護に努めた人などは、特別縁故者として国庫に優先して相続財産の全部または一部を受け取ることができる場合があります（民法958条の3）。具体的な手続としては、家庭裁判所に相続財産管理人の選任の審判申立てがなされ、選任された相続財産管理人が被相続人の債務を支払うなどして清算を行った後、家庭裁判所が相続人を捜索するための公告をします。相続人であると主張する人がおらず、相続人の不存在が確定した場合、確定してから3カ月以内に、特別縁故者に対する相続財産の分与の審判申立てをすると、家庭裁判所が特別縁故者として相続財産の分与を認めるかを判断します。

　設問で質問者より先に母親が死亡していた場合には、相続人がいないことになりますので、内縁配偶者は特別縁故者に対する相続財産の分与の審判申立てをすることにより、相続財産の分与が認められる可能性があります。

6 社会保障制度

　相続財産ではありませんが、社会保障制度等において法律婚と同様の扱い
を受けられる場合があります。

　国民年金および厚生年金の遺族年金（国民年金法5条7項、厚生年金保険法
3条2項）、労働者災害補償保険の遺族補償給付または遺族給付（労働者災害
補償保険法16条の2第1項1号・22条の4第3項）などについては、「配偶者」
に「婚姻の届出をしていないが、事実上婚姻関係と同様の事情にある者を含
む」ことが規定されています。また、保険会社によっては、内縁配偶者を生
命保険の受取人に指定することを認めています。死亡退職金については、国
家公務員退職手当法等において内縁配偶者を遺族と認めているほか（同法2
条の2第1号など）、民間企業においても就業規則によっては内縁配偶者が受
領できることがあります。

7 同性間のパートナーシップ

　同性間のパートナーシップの場合、内縁関係の成立が認められるか、ある
いは社会保障制度等における「配偶者」の定義に含めることができるかにつ
いて争いがありますが、婚姻意思と夫婦共同生活の実体があることが認めら
れる場合には、一定の法的保護が必要と考えられます。近時は、不貞行為に
より内縁関係を破棄した事案において「同性カップルであっても、その実態
を見て内縁関係と同視できる生活関係にあると認められるものについては、
それぞれに内縁関係に準じた法的保護に値する利益が認められる」とした裁
判例も出てきています（宇都宮地裁真岡支部令和元年9月18日判決・判時2437号
51頁）。

（後藤美海子）

Q5 法律により相続資格が奪われる場合があるか

　父の相続人は、兄と私の2人です。父から生前、全財産を私に相続させるという自筆の遺言書を仏壇に保管していると聞いていました。しかし、兄は、父の危篤の混乱をいいことに遺言書を入手し、破棄したか隠匿しており、父の遺産分割協議に提出しようとしません。兄の相続人としての資格が奪われることはないのでしょうか。

▶ ▶ ▶ Point

①　相続に関する遺言書の破棄または隠匿をした事実とともに、相続について不当な利益を得ようとする意思も認められれば、相続資格が剥奪されます。

②　相続欠格者に代襲者がいる場合には、代襲相続が開始します。

1 相続欠格

(1) 意　義

　民法891条は、一定の事由が存在する場合に、被相続人の意思とは関係なく、法律上当然に相続人となる資格を剥奪する民事上の制裁として、相続欠格の制度を定めています。

　欠格事由に該当すれば、当該相続人は当然に相続権を失います。

(2) 欠格事由

　民法891条1号・2号は、被相続人または先順位・同順位相続人の殺害行為に関する欠格事由で、同条3号〜5号は、相続に関する遺言行為への違法な干渉に関する欠格事由です。

　民法891条3号は、詐欺や強迫によって被相続人が遺言をするのを妨げた

場合などの行為を規定しています。

　民法891条 4 号は、逆に、詐欺や強迫によって被相続人に遺言をさせた場合などの行為を規定しています。

　民法891条 5 号は、被相続人の遺言書を偽造したり、破棄したり、隠匿する行為などを規定しており、裁判上、多くの争いがあります。

⑶　二重の故意の要否

　相続に関する被相続人の遺言書を偽造し、変造し、破棄し、または隠匿した者は相続人となることができません（民法891条 5 号）。このような偽造、変造、破棄、隠匿についての故意が必要であることに争いはありませんが、さらに、相続に関して不当な利益を得ようとする意思（いわゆる「二重の故意」）の要否が問題となります。相続欠格は、一定の事由が認められると法律上当然に相続資格が剥奪されるという厳しい制裁であるため制限的に解釈すべきであり、必要説が多数説です。裁判例にも、同号について、必要説を採用したと思われるものがあります。

　大阪高裁昭和61年 1 月14日判決（判時1218号81頁）は、一部の共同相続人が遺言公正証書のあることを秘して他の共同相続人に単独相続を前提とする手続を求めた事案で、遺言書の意思に反する違法な利得を図ろうとする者に制裁を課すことによって遺言者の最終意思を実現させようとする同条の趣旨に照らすと、隠匿者において遺言の隠匿により相続法上有利となり、または不利になることを妨げる意思に出たことを要するとし、公正証書遺言は原本が公証人役場に保管されること、遺言執行者がいたこと等を理由に遺言書の隠匿にはあたらないと判示しました。

　最高裁平成 9 年 1 月28日判決（民集51巻 1 号184頁）も、相続人が相続に関する被相続人の遺言書を破棄または隠匿した場合において、相続人の行為が相続に関して不当な利益を目的とするものでなかったときは、相続人は、民法891条 5 号所定の相続欠格者にはあたらないものと判示し、二重の故意を必要としました。

2　手　続

　相続欠格については、推定相続人廃除（Q6参照）と異なり審判手続は規定されていないため、欠格事由の有無が争われる場合は、相続権不存在確認訴訟などで欠格について主張していくことになります。したがって、訴えを提起する原告側が偽造や隠匿などの主張・立証をする必要があります。原告が勝訴すれば、被告は相続権を失います。

　なお、共同相続人が、他の共同相続人に対し、その者が被相続人の遺産につき相続人の地位を有しないことの確認を求める訴えは、固有必要的共同訴訟であるとした最高裁判所の判例があります（最高裁平成16年7月6日判決・民集58巻5号1319頁）ので、訴えを提起する場合には共同相続人全員を訴訟の当事者とする必要があります。

3　効　果

　欠格事由が認められた者は、その被相続人との関係において当然に相続資格を失います。欠格事由が相続開始前に生じたときはその時から、相続開始後に生じたときは相続開始時にさかのぼって、その効果が生じると解されています。欠格事由があることが判明せずに遺産分割が行われた場合には、相続回復請求（民法884条）の問題となります。相続欠格の効果は相対的であるため、他の被相続人との関係での相続資格は失われません。たとえば設問の場合で、兄の妻が亡くなったときに、兄はその妻との関係での相続資格を失わないため、妻を相続することになります。

　また、相続欠格者に代襲者がいる場合には、代襲相続が開始します（民法887条2項）。代襲者とは、相続欠格者が被相続人の子である場合は相続欠格者の子（被相続人の直系卑属でない者を除く）、相続欠格者が被相続人の兄弟姉妹である場合にはその子です。したがって、設問の場合で、兄に子がいる場合は、兄が相続欠格者となったとしても、原則としてその子が代襲相続す

ることになります。

4　設問の場合

　設問では、兄が、父危篤の混乱をよいことに遺言書を入手し、破棄したか隠匿したということですが、兄が正直に言わない限りは訴訟で解決しなければなりません。そうしますと、証拠が必要ですから、簡単に欠格事由が認められるわけではありませんので慎重に対応する必要があります。

（生方麻理）

Q6　被相続人の意思により相続資格が奪われる場合があるか

> 私は、息子からたびたび暴力を受け、ひどい暴言も吐かれています。
> 息子にいっさいの財産を相続させないためにはどうしたらよいですか。

▶ ▶ ▶ Point

① 相続人の廃除とは、被相続人の意思により、家庭裁判所が遺留分のある推定相続人の相続資格を奪う制度で、推定相続人による被相続人に対する虐待または重大な侮辱、あるいは、推定相続人の著しい非行が認められることが必要です。

② 廃除の方法として、生前廃除と遺言廃除があります。

1　相続人の廃除

(1)　意　義

　相続人の廃除とは、一定の事由がある場合に、被相続人の意思により、家庭裁判所の審判を経て遺留分のある推定相続人の相続資格を奪う民事上の制裁です（民法892条・893条）。遺留分のない兄弟姉妹が推定相続人の場合については遺言により目的を達成できるため、廃除の対象者は遺留分のある推定相続人に限られます。

(2)　廃除事由

　廃除事由として、推定相続人による被相続人に対する虐待または重大な侮辱、あるいは、推定相続人の著しい非行が列挙されていますが（民法892条）、被相続人の主観的な認識に基づいて廃除が認められるわけではありません。推定相続人の具体的な行為が廃除事由に該当するかは、家庭裁判所が後見的

立場から諸般の事情を総合的に考慮して、「家族的協同生活関係が全く破壊されるに至り、今後もその修復が著しく困難な状況となっている」かどうか等の基準で判断されます（東京高裁平成4年12月11日判決・判時1148号130頁）。

(3)　**裁判例**

廃除事由については多数の裁判例があります。以下、比較的近時の肯定例および否定例を紹介します。

(a)　**廃除を肯定した裁判例**

①　末期癌を宣告された妻（被相続人）の自宅療養中、夫が妻に対し療養に不適切な環境での生活を強いたり人格否定発言をしたりしたため離婚係争中であったところ、夫の虐待を認定し、廃除を認めました（釧路家裁北見支部平成17年1月26日審判・家月58巻1号105頁）。

②　両親（被相続人）の意思に反して暴力団員と婚姻し、父の名で披露宴の招待状を出すなどした事案で、「重大な侮辱」「著しい非行」にあたるとして廃除を認めました（東京高裁平成4年12月11日決定・判時1448号130頁）。

③　母（被相続人）が70歳を超えた高齢で、介護が必要な状態であったにもかかわらず、介護を妻に任せたまま出奔したうえ、父から相続した田畑を被相続人や親族らに知らせないまま売却し、妻との離婚後、被相続人や子らに自らの所在を明らかにせず扶養料も全く支払わなかったという事案で、「著しい非行」に該当するとして廃除を認めました（福島家裁平成19年10月31日審判・家月61巻4号101頁）。

(b)　**廃除を否定した裁判例**

①　父親（被相続人）が、長男とその妻から虐待された等と主張した事案で、父親にもかなりの責任があるから、その内容・程度と前後の事情を総合すれば、廃除事由に該当するものとは認められないとしました（名古屋高裁金沢支部平成2年5月16日決定・家月42巻11号37頁）。

②　相続人（長男）の力づくの行動や侮辱と受け取られる言動は、嫁姑関

係の不和に起因したものであって、その責任を相続人にのみ帰することは不当であり、これをもって廃除事由にあたるとすることはできないとしました（東京高裁平成8年9月2日決定・家月49巻2号153頁）。

③　父親（被相続人）が、孫らを債務者としてサラ金等から借金させ、約束を守らず弁済を怠り、迷惑、不利益を与えるなど再三金銭上の問題を起こした七男を廃除する申立てをした事案で、「相続権の剥奪は、推定相続人の利害に及ぼす影響が極めて深刻であり、安易にこれを是認すると、遺留分制度を認めた現行相続法秩序を混乱させるおそれが大であるから、法定廃除事由に該当するか否かを判断するには慎重な考慮を要する」としたうえで、相続権を剥奪するに足る「著しい非行」とは認められないとしました（福島家裁平成元年12月25日審判・家月42巻9号36頁）。

２　廃除の方法

廃除には、被相続人が生前に家庭裁判所に請求する生前廃除（民法892条）と、遺言で廃除の意思表示をし、遺言執行者が遺言の効力発生後に家庭裁判所に請求する遺言廃除（同法893条）があります。遺言廃除の場合でも、家庭裁判所の審理で廃除事由の具体的主張や客観的資料が必要になりますので、遺言執行者がそれらを提出できるようにしておく等の注意が必要です。

なお、廃除は被相続人の意思に基づく制度であるため、廃除の効果発生後でも、被相続人は廃除の取消しを家庭裁判所に請求できます（民法894条）。

３　効　果

廃除の効果は、廃除請求を認容する審判の確定により生じます。被廃除者は、生前廃除の場合は審判確定時に、遺言廃除の場合は被相続人の死亡時にさかのぼって相続資格を失います（民法893条後段）。

被廃除者は遺留分の請求もできませんが、相続欠格（Q5参照）と異なり受遺者となる資格は失いません（民法965条参照）。廃除の効果は、相続欠格

と同様に相対的で、他の被相続人との関係や、相続資格以外の身分的法律関係には影響せず、被廃除者に被相続人の直系卑属がいた場合は代襲相続が生じます（同法887条2項）。

　なお、廃除は、相続欠格とは異なり、届出により、審判確定日が戸籍に記載されます（戸籍法97条・63条1項）。

4　設問の場合

　質問者は、息子からたびたび暴力を受け、ひどい暴言も吐かれているということですので、生前において、家庭裁判所に対して、推定相続人である息子の廃除の審判申立てをすることができます。また、現在は難しいということであれば、遺言書に、息子を廃除することをしたためておくこともできます。ただし、相続人の廃除の制度は、被廃除者（息子）の相続権を失わせるものですから、それに見合うだけの暴力や暴言がないと難しいですし、証拠も確保しておく必要があります。

（生方麻理）

Q7　死後認知を受けた子が遺産を取得するための手段

> 　私は、妻子ある男性Aとの間の子Bを出産しました。その後すぐにA
> が亡くなりましたが、Bは死後認知を受けました。BがAの遺産をもら
> うためにはどのようにしたらよいのでしょうか。

▶ ▶ ▶ Point

① 　死後認知を受けた子は、認知の時点で遺産分割がまだ行われていない場
合には、遺産分割を求めることができます。その後自分を除外して遺産分
割協議がなされても、再分割協議を求めたり遺産分割調停を申し立てたり
することができます。

② 　他方、認知の時点で遺産分割がすでに行われていた場合には、他の相続
人に対し価額の支払いを求めることしかできません。

1　認　知

⑴　意　味

　認知とは、非嫡出子について法律上の親子関係を生じさせることをいいま
す。母に関しては、原則として、分娩の事実により非嫡出子との間に親子関
係が当然に発生すると解されていますので、実務上、母の認知は不要とされ
ています。したがって、実際に問題となるのは父の認知です。

　認知には、以下のとおり、任意認知（民法779条）と裁判認知（同法787条）
があります。

⑵　任意認知

　任意認知は、父が自らの意思で非嫡出子を認知するものです。

　任意認知には、戸籍法の定める届出による方法（民法781条1項）と遺言に

よる方法（同条2項）があります。

(3) 裁判認知

裁判認知は、父が自発的に認知をしない場合や父が死亡している場合に、非嫡出子側が父に対して認知を求めるものです。後者の場合の認知を死後認知といいます。

父が生存中の場合はいつでも父を被告として訴えを提起することができますが、父が死亡している場合は死亡の日から3年以内に検察官を被告として訴えを提起する必要があります（民法787条、人事訴訟法42条1項）。

なお、裁判認知は調停前置主義がとられていますので（家事事件手続法257条1項・2項本文）、非嫡出子側は、まずは家庭裁判所に調停を申し立てることになります。ただし、死後認知の場合は、調停前置主義が適用されないため（同条2項ただし書）、調停を申し立てず、訴えを提起することになります（最高裁昭和36年6月20日判決・家月13巻11号83頁）。

(4) 効 力

設問のケースのように死後認知の場合、認知の判決が確定することにより認知の効力が生じます。そして、認知の効力にはいわゆる遡及効がありますので（民法784条本文）、子の出生時にさかのぼって親子関係が生じます。

設問のケースでは、Bは、死後認知を受けていますので、生まれた時からAとの間に親子関係があることになります。その結果、BはAの相続開始の時点で相続人であったことになります。

BがAの遺産を取得するための手段は、認知の時点（認知判決が確定した時点）で遺産分割がすでに行われていたかどうかによって異なりますので、場合を分けて説明します。

2 認知の時点で遺産分割がまだ行われていなかった場合

まず、認知の時点で遺産分割がまだ行われていなかった場合、Bは遺産分割を求めることができます。ただし、Bは未成年者ですので、実際には、B

の母がＢの法定代理人として遺産分割協議を求めたり、遺産分割調停を申し立てたりすることになります。

③　認知後に遺産分割が行われた場合

認知の時点では遺産分割がまだ行われていなかったが、その後、Ｂを除外して遺産分割協議が行われた場合、その遺産分割協議は無効となります。なぜなら、遺産分割協議は共同相続人全員の意思の合致を必要とするからです。

したがって、設問のケースでは、Ｂは、他の共同相続人に対して、自己を除外して行われた遺産分割協議の無効を主張して、遺産分割協議のやり直し（再分割協議）を求めることができます。他の共同相続人が再分割協議に応じない場合には、遺産分割調停を申し立てることになるでしょう。

④　認知の時点ですでに遺産分割が行われていた場合

⑴　遺産分割のやり直しの可否

認知の時点ですでに遺産分割が行われていた場合、Ｂは、遺産分割の無効を主張して遺産分割のやり直しを求めることができません。

上記③と結論が異なるのは、認知の時点で他の共同相続人が遺産分割によって権利を取得しているため、認知によって共同相続人の既得権を害することができないからです（民法784条ただし書。認知の遡及効の制限）。

もっとも、この場合に死後認知を受けた子が他の共同相続人に対して何も求めることができないとなると、死後認知を認めた意味がなくなります。そこで、民法は、次に説明する価額支払請求権を認めて、共同相続人の既得権と被認知者の利益の調整を図っています（民法910条）。

⑵　価額支払請求権

⒜　請求権者、請求の相手方

請求権者は「相続の開始後認知によって相続人となった者」です。設問のケースのように死後認知を受けた子だけでなく、被相続人の生前に提起され

た認知訴訟の判決が死後に確定した場合の被認知者も含まれます。請求の相手方は他の共同相続人です。

したがって、設問のケースでは、Bは、他の共同相続人に対して、価額の支払いを請求することになります。

(b)　消滅時効

価額支払請求権は相続回復請求権の一種と考えられていますので、5年で時効により消滅します（民法884条）。

(c)　価額算定の基準時

遺産が現金や預金であればあまり問題はないのですが、不動産のように価額が変動する物の場合には、いつの時点の価額を基準にするべきかという問題があります。

この点、最高裁判所は、死後認知を受けた子が他の共同相続人に対して価額支払請求をした時の価格を基準にすると判示しました（最高裁平成28年2月26日判決・民集70巻2号195頁）。

(d)　履行遅滞

また、他の共同相続人が負う価額支払債務は期限の定めのない債務ですので、価額支払請求を受けた時に遅滞に陥ります（前掲最高裁平成28年2月26日判決）。

（大塚淳）

Q8　単純承認があったとみなされるのはどのような場合か

私の夫は1年前から行方不明になっていましたが、先月白骨死体となって発見されました。夫は賃貸用マンションを所有しており、それを経営するための会社（株はすべて夫保有）を設立して、その会社自体に賃貸し、さらにその会社が入居者に転貸をしていました。しかし、1年前から行方不明ということもあって、入居者の方々には、2カ月前に賃料（転貸料）振込先を私名義の口座に変更してもらいました。

実は夫はその1カ月前に自殺しており、振込先変更の通知時点では死亡していたのですが、私は、口座変更の時点ではそのようなことは全然知りませんでした。

一方、夫の死後、実は非常に多額の借金を背負っていることが判明し、私としては相続放棄をして借金から免れたいと思っています。私が、賃貸マンションの借家人の方々に賃料振込先を私名義の口座に変更してもらった行為は、相続の単純承認とみなされてしまうのでしょうか。

▶ ▶ ▶ Point

① 　民法は、相続をするか否かにつき、熟慮期間を区切り相続人に選択（単純承認・相続放棄・限定承認）の自由を認めていますが、熟慮期間内に選択をしなかったり、相続財産の処分行為等をした場合には、単純承認がされたものとみなしています（法定単純承認。民法921条1号）。

② 　相続財産の処分行為が単純承認であるとみなされるには、相続人が自己のために相続が開始した事実を知りながら相続財産を処分したか、または少なくとも相続人が被相続人の死亡した事実を確実に予想しながらあえてその処分をしたことを要します。

1　単純承認となる場合

　民法は、相続をするか否かにつき、熟慮期間（3ヵ月）を区切り、相続人に相続財産を含めて全面的に承継する（単純承認）のか、逆に財産の承継を全面的に拒否する（相続放棄）のか、相続した資産の範囲で責任を負う（限定承認）のか、いずれかを選択できるようにしています（民法915条1項）。単純承認には何らの形式は要しないとされています。

　そのうえで、民法は、相続人により、①相続財産の処分がなされた場合（民法921条1号本文）、②熟慮期間内に限定承認・相続放棄の選択をしなかった場合（同条2号）、③限定承認・相続放棄後に相続財産の隠匿などの行為が行われた場合（同条3号）には、単純承認がなされたものとみなしています（法定単純承認）。

　上記②の場合に単純承認がなされたものとみなされるのは、民法が単純承認をもって相続の原則と認めた当然の結果ですし、③の場合に単純承認がなされたものとみなされるのは、相続人による不誠実で背信的な行為に対して制裁を加えたものといえます。

2　民法921条1号本文の法意

　それでは、相続人が財産を処分すれば、単純承認がみなされること（民法921条1号本文）の法意はどのように理解すべきでしょうか。

　民法921条1号本文の法意に関しては、①「処分行為によって単純承認の意思が推認されるから」とする説（意思説）と、②「遺産と相続人の個人財産とが混和するから債権者や後順位債権者を保護するためには、処分後は限定承認や放棄を許さないものとする必要がある」とする説（政策説）との対立がありましたが、最高裁昭和42年4月27日判決（民集21巻3号741頁）は、「これ（筆者注：相続財産の処分）により、黙示の単純承認があるものと推認しうるのみならず、第三者から見ても単純承認があったと信ずるのが当然で

あると認められることにある」と判示し、意思説をとりました。

③ 単純承認とみなされる「処分」行為

　それでは、単純承認とみなされる「処分」行為には、どのようなものがあるのでしょうか。これには、法律上の処分行為だけでなく、事実行為も含まれるとされています。

　法律上の処分行為には、相続財産（不動産）の売却が含まれるのは当然ですが、預金の解約や債権の取立ても含まれます。ただし、葬儀費用を支払うための預金解約は、単純承認とみなされる「処分」にはあたらないとされています（大阪高裁平成14年7月3日決定・家月55巻1号82頁）。

　また、事実行為に関していえば、相続財産である絵画や骨董品のような高価な物件を故意に毀損するケースが考えられます。

　では、設問のように、賃貸マンションの借家人に賃料振込先を（相続人名義の口座に）変更してもらう行為は、単純承認とみなされる「処分」行為に該当するのでしょうか。

　これに関して、東京地裁平成10年4月24日判決（判タ987号233頁）は（この事案も設問と同様に転貸料に関するものでしたが）入居者の振込口座先の口座名義を相続人に変更することは、相続財産の管理行為にとどまらず、積極的な運用であるとして、単純承認とみなされる「処分」行為に該当すると判示しました。

④ 被相続人の死亡の事実を知らなくても単純承認とみなされるのか

　しかし、設問の事案は、前掲・東京地裁平成10年4月24日判決の事案とは異なり、相続人は被相続人の死亡の事実を知らなかったケースです。このような場合にも、単純承認とみなされる「相続財産の」処分行為があったものと認定されるのでしょうか。

　前掲・最高裁昭和42年4月27日判決では、民法921条1号本文の法意に続けて、「相続開始の事実を知らなかつたときは相続人に単純承認の意思があつたものと認めるに由がないから、……単純承認を擬制することは許されないわけであって」、この規定が適用されるためには、「相続人が自己のために相続が開始した事実を知りながら相続財産を処分したか、または、少なくとも相続人が被相続人の死亡した事実を確実に予想しながらあえてその処分をしたことを要するものと解しなければならない」と判示しました。

　設問では、処分行為の時点（2カ月前）において、被相続人である夫の（3カ月前の）死亡の事実を全く知らなかったのですから、単純承認とみなされる「処分」行為があったとはいえず、熟慮期間内であれば、相続放棄ができることになります。

（大植幸平）

Q9　相続の放棄

> 　父が先月、亡くなりました。父は、数十年前に母と離婚し、相続人は子の私と弟の2人だけです。私たち兄弟は、母に育てられ、父とは絶縁状態でしたが、親戚から、父の暮らしぶりはよいものではなかったと聞きました。
>
> 　私たち兄弟は、父に借金があっても、引き継いで自分たちで返済するつもりはありません。相続の放棄を検討していますが、どのような手続でしょうか。今後、どういう点に注意したらよいでしょうか。

▶▶▶ Point

① 　相続の放棄は、被相続人（亡父）の残した権利や義務をいっさい受け継がないという意思表示です。相続放棄の申述は、3カ月の熟慮期間内に、被相続人（亡父）の相続開始地（最後の住所地）の家庭裁判所に行う必要があります。

② 　いったん放棄をしたら、原則として撤回できません。積極財産（プラスの財産）と消極財産（借金等）の状況によっては相続を希望するという場合は、財産調査により、積極財産と消極財産の状況を把握し、相続の放棄をするか、相続の承認（限定承認・単純承認）をするかを検討します。

1　相続の放棄

　相続人は、被相続人の死亡による相続開始の時から、被相続人の財産に属したいっさいの権利義務を承継します（民法896条。一身専属権は除きます）。いっさいの権利義務には、被相続人の土地の所有権、預金債権等の積極財産（権利）のほか、借金等の消極財産（義務）が含まれます。

　もし、相続人が被相続人の相続財産を必ず承継しなければならないとすると、被相続人が多額の債務を負っていた場合には相続人に酷ですし、相続人によっては、積極財産（プラスの財産）であっても相続を希望しないこともあるでしょう。

　そこで、民法は、相続人に、被相続人の財産に属した権利義務を承継するか（相続の承認）、拒否するか（相続の放棄）の選択を認めています。

　相続の放棄というのは、被相続人の土地の所有権、預金債権等の権利や借金等の義務をいっさい受け継がないという相続人の意思表示です。

2　熟慮期間

　相続の放棄は、相続人が自己のために相続の開始があったことを知った時から3カ月以内（熟慮期間）に行う必要があります（民法915条1項本文）。

　この熟慮期間内に、限定承認または相続の放棄をしなかったときは、単純承認をしたものとみなされます（民法921条2号）[1]。

　相続人が数人いる共同相続の場合、熟慮期間は、各相続人について個別に進行します。

　熟慮期間は「自己のために相続の開始があったことを知った時」から起算されます。原則的には、相続人が被相続人の死亡の事実、およびこれにより自己が法律上相続人になった事実を知った時から起算されます。ただし、判例は例外的に、各事実を知った時から3カ月以内に限定承認または相続放棄をしなかったのが、被相続人に相続財産が全く存在しないと信じたためであり、かつ、被相続人の生活歴、被相続人と相続人との間の交際状態その他諸

---

[1]　相続の承認には、単純承認と限定承認があります。単純承認とは、無限に被相続人の権利義務を承継することを承認する不要式の意思表示です（民法920条）。限定承認とは、相続によって得た財産の限度においてのみ被相続人の債務および遺贈を弁済することを留保したうえで相続を承認する意思表示です（同法922条）。限定承認は、相続人が数人あるときは、共同相続人の全員が共同して行う必要があります（同法923条）。

般の状況からみて当該相続人に対し相続財産の有無の調査を期待することが著しく困難な事情があって、相続財産が全く存在しないと信じるについて相当な理由があると認められるときには、熟慮期間は相続人が相続財産の全部または一部の存在を認識したときまたは通常これを認識しうべき時から起算すべきものとしています（最高裁昭和59年4月27日判決・民集38巻6号698頁）。

熟慮期間は、期間伸長の申立てにより家庭裁判所が伸長することができるとされています（民法915条1項ただし書、家事事件手続法別表第一の89項)[2]。

熟慮期間中の財産管理については、相続開始後、相続の承認または放棄をするまで、相続人は、その固有財産におけるのと同一の注意をもって、相続財産を管理しなければならないとされています（民法918条）。

③ 相続放棄の申述、受理の審判

相続放棄の申述は、熟慮期間内に、相続開始地（被相続人の最後の住所地）の家庭裁判所に対し、行わなければなりません（民法938条・883条、家事事件手続法201条1項）。

相続人が未成年者または成年被後見人である場合には、その法定代理人（父母や成年後見人）が代理して申述します。ただし、未成年者と法定代理人が共同相続人であり、未成年者のみが申述するとき（法定代理人が先に相続放棄している場合を除きます）または複数の未成年者の法定代理人が一部の未成年者を代理して申述するときには、利益相反行為となるため、当該未成年者について特別代理人を選任することが必要です[3]。

家庭裁判所は、相続放棄の申述を受理するか否かを審査し、受理すべきと

---

2) 特定非常災害の被害者の権利利益の保全等を図るための特別措置に関する法律6条には、相続の承認または放棄をすべき期間の特例に関する措置が定められており、令和元年台風19号・令和2年7月豪雨の被災者である相続人や、平成28年熊本地震の発生時に熊本県に住所を有していた相続人等について、熟慮期間が政令で一律に延長されたことがあります。

きは、受理の審判をします。相続放棄の申述の受理の審判は、申述書にその
旨が記載された時に効力を生じます（家事事件手続法201条7項）。

4　相続放棄の効力

　相続の放棄をした者は、その相続に関しては、初めから相続人とならなか
ったものとみなされます（民法939条）。

5　相続放棄の撤回

　一度受理された相続放棄は、民法総則編および親族編の規定の取消原因が
ない限り、熟慮期間内でも、撤回することができません（民法919条1項。最
高裁昭和37年5月29日判決・民集16巻5号1204頁）。

6　設問の場合

　亡父の暮らしぶり等から、亡父が債務超過状態であったことが明らかで、
借金を引き継ぎたくない場合や、積極財産（プラスの財産）がどれだけあっ
たとしても相続を希望しないという場合、3カ月の熟慮期間内に、亡父の相
続開始地（最後の住所地）の家庭裁判所に、相続放棄の申述を行います。

　相続放棄の申述が受理されたことは、被相続人の債権者には通知されない
ので、受理後に亡父の債権者から督促がなされた場合は、債権者に対して、
相続放棄申述受理通知書の写しや相続放棄申述受理証明書を送付し、家庭裁
判所で相続放棄の申述が受理されたことを連絡するのがよいでしょう。

　亡父の積極財産（プラスの財産）と消極財産（借金等）の状況によっては、
相続を希望するという場合、相続の放棄はいったん行ったら撤回することは

3）　共同相続人の一人が他の共同相続人の全部または一部の者の後見をしている場合に
おいて、後見人が被後見人全員を代理してする相続の放棄は、後見人みずからが相続の放
棄をしたのちにされたか、またはこれと同時にされたときは、利益相反行為にあたらない
とした判例があります（最高裁昭和53年2月24日判決・民集32巻1号98頁）。

できないので、熟慮期間内に財産調査を行って、積極財産と消極財産の状況を把握し、相続の放棄をするか、相続の承認（限定承認・単純承認）をするか検討をします。なお、熟慮期間中に、相続財産の全部または一部を処分したときは、単純承認とみなすとする規定がある（民法921条1号本文）ことには、注意が必要です。

（岩井婦妃）

Q10　相続分の譲渡・放棄とその後の遺産分割手続

> 　私には、夫と3人の子（A・B・C。いずれも成年）がいましたが、夫は昨年病死しました。
>
> 　夫の死後1年経過して、私と3人の子らとで、夫の遺産について分割しようと協議したところ協議がまとまらず、私は、やむを得ず3人の子らを相手方として、遺産分割の調停の申立てを家庭裁判所に行いました。
>
> 　その後、A・Bは、遺産分割をめぐって裁判所で母と争うのは嫌だと言って、Aは「私に相続分の譲渡をする」旨、Bは「相続分の放棄をする」旨の届出を調停期日の1日目に家庭裁判所に行いました。
>
> 　今後遺産分割調停手続はどのように進行することになるのでしょうか。

▶▶▶ Point

① 　遺産分割調停手続の係属中に共同相続人がその相続分の譲渡・放棄を行った場合、当該相続人は遺産分割手続の当事者としての地位を失い、家庭裁判所は、当該相続人を手続から排除する旨の裁判（決定）をすることができますが、本人の意思確認のために必要な書類等を求められることに注意する必要があります。

② 　相続分の譲渡や放棄が行われた場合、相続分の変動があることに注意する必要があります。

1　相続分の譲渡

⑴　相続分の譲渡とは

相続分の譲渡とは、「積極財産のみならず消極財産も含めた包括的な相続

財産に対して各共同相続人が有する割合的な持分あるいは法律上の地位の移転」をすることをいいます（最高裁平成13年7月10日判決・民集55巻5号955頁）。遺産を構成する個々の財産の共有持分権の移転とは異なります。

　相続分の譲渡に関して、民法905条で相続分が第三者に譲渡された場合に、他の共同相続人が相続分取戻権を有している旨を規定しているだけですが、第三者への譲渡も予定されている以上、「共同相続人間の譲渡」も当然に認められると解されています。

　相続分の譲渡は、相続開始後、遺産分割前またはそれと同時にされる必要があります。その様式に関しては特に定めはなく、理論上は口頭によってもなされうることになりますが、分割後の手続のために書面によるのが一般とされています。

(2)　手続からの排除

　相続分の譲渡が行われた場合、相続分全部の譲渡人は、遺産分割手続の当事者としての地位を失います。

　遺産分割調停手続の係属中に共同相続人の一人がその相続分の譲渡を行った場合、家庭裁判所は、当該相続人を手続から排除する旨の裁判（決定）をすることができます（家事事件手続法43条1項・258条）が、その決定をするにあたり、本人の意思であることを明確にするために当該相続人に「相続分譲渡書」「印鑑証明書」「脱退申出書」の提出をさせていますし、さらに「即時抗告権放棄書」の提出も求めています。

　遺産分割調停手続の当事者となる資格があるにもかかわらず誤って排除の裁判がなされた場合には、排除の裁判について「即時抗告」によって争う機会を与えるべきですが、真に相続分の譲渡をした相続人に関しては、即時抗告権を放棄してもらって、以後の調停手続を安定して進行させるべきだという考慮によるものです。

2　相続分の放棄

⑴　相続分の放棄とは

　共同相続人の相続分の放棄に関しては、相続の放棄（民法938条）とは異なり、明文の規定もなく、その法的性質に関しても議論が分かれるところで、①包括的な相続財産に対する共有持分権を放棄する意思表示であるとする考え方（共有持分放棄説。東京家裁昭和61年３月24日審判・家月38巻11号110頁）と、②共同相続人が黙示的にその相続分を無償で譲渡したものであると解する考え方（黙示的譲渡契約説。高松高裁昭和63年５月17日決定・家月41巻６号45頁）があります。

　相続分の放棄は、相続が開始してから遺産分割までの間であれば、いつでも可能であり、方式は問わないとされていますが、設問で問題となっているような遺産分割調停手続においては、次に述べるような要式が求められていることに注意すべきです。

⑵　手続からの排除

　相続分の放棄が行われた場合、放棄を行った共同相続人は、遺産分割手続の当事者としての地位を失います。

　遺産分割調停手続の係属中に共同相続人の一人がその相続分の放棄を行った場合、家庭裁判所は、当該相続人を手続から排除する旨の裁判（決定）をすることができますが（家事事件手続43条１項・258条）、その決定をするにあたり、本人の意思であることを明確にするために当該相続人に「相続分放棄書」および「印鑑証明書」「脱退申出書」の提出をさせていますし、さらに今後の手続の安定を図る観点から「即時抗告権放棄書」の提出も求めています。

　この点は、相続分の譲渡の場合と同様の書類が求められています。

⑶　相続分の放棄の効果

　相続分の放棄が行われた場合、他の相続人の相続分の変動はどのようにな

るのかという点も問題となります。

　これに関しては、前述した、共有持分放棄説によると相続分放棄者の相続分が、他の相続人に対して相続分に応じて帰属することになります（民法255条類推適用）。

　また、黙示的譲渡契約説による場合には、放棄者以外の他の相続人にその法定相続分に応じて帰属することになるか、一部の者に帰属することになるかは放棄者の意思解釈によることになります。

③　設問の場合

　設問では、遺産分割調停手続の係属中に、Aは「私（質問者）に相続分の譲渡をする」旨、Bは「相続分の放棄をする」旨の届出を家庭裁判所に行ったので、今後は、A・Bは遺産分割手続から排除されます。

　Aの相続分譲渡、Bの相続分放棄の後の、質問者の相続分については、まず、Aの相続分譲渡、Bの相続分放棄の前の時点での法定相続分（質問者：2分の1、A～B各6分の1）であったことを確認しておく必要があります。

　Aの相続分の譲渡に関しては、Aの相続分（6分の1）が質問者に移動するというだけでそれほど困難な問題はありませんが、Bの相続分の放棄による相続分の変動に関しては問題があります。仮に、（相続分の放棄をした）Bの意思が自分の法定相続分を他の相続人の法定相続分に応じて帰属させる意思であった場合には、共有持分放棄説によったとしても黙示的譲渡契約説によったとしても、Bの相続分（6分の1）は質問者とCの法定相続分の相続分率（2分の1：6分の1すなわち3：1）に応じて帰属することになります。

　すなわち、質問者の相続分は、①質問者の法定相続分（2分の1）、②Aの相続分の譲渡による変動（6分の1）、③Bの相続分の放棄による変動（6分の1×4分の3）を合算して、24分の19となります。

（大植幸平）

Q11 相続分なきことの証明書（特別受益証明書）

　母の遺産相続にあたって、兄から「相続分なきことの証明書」という書類が送られてきて、これに署名押印して、印鑑証明書を添付して送り返すように言われています。「相続分なきことの証明書」とは、どのようなものでしょうか。また、これを返送すると、どのようになるのでしょうか。

▶ ▶ ▶ Point
① 「相続分なきことの証明書」とは、特別受益（民法903条1項）を受けている相続人が、相続分がないことを証明する書面です。
② 「相続分なきことの証明書」は、遺産分割を回避したり、相続放棄の期間経過後に相続放棄と同様の効果を生じさせたりする便法として使用されることがあります。
③ 「相続分なきことの証明書」には、「相続分がないことを証明する」旨の文言があれば足りますが、作成にあたっては、印鑑証明書が必要になります。
④ 「相続分なきことの証明書」は、相続開始後に作成する必要があります。
⑤ 「相続分なきことの証明書」を作成すると、その相続人は、具体的な相続分がなく、相続財産を取得することができなくなります。

1 「相続分なきことの証明書」の意味

　「相続分なきことの証明書」とは、特別受益（民法903条1項）を受けている相続人が、相続分がないことを証明する書面（特別受益証明書）です。
　共同相続人の中に、被相続人から、遺贈を受けたり、または婚姻、養子縁

組のため、もしくは生計の資本として生前に贈与を受けたりした相続人がいる場合に（これを「特別受益」といいます）、この相続人が受けた特別受益の額が同人の具体的な相続分を超えるときは、相続すべき相続財産がないので、それを証明するために「相続分なきことの証明書」が作成されます。

　このように「相続分なきことの証明書」は、本来、特別受益を受けた相続人が具体的な相続分がないことを証明するための書類ですが、実際には、遺産分割協議を回避して、特定の相続人に相続財産を相続させる便法として利用されることがあります。また、相続放棄（民法915条）の申述期間が3カ月と短く、この期間を過ぎてしまうと相続放棄ができなくなってしまうことから、相続放棄の期間経過後に実質的に相続放棄と同じ効果を生じさせる便法として利用されることもあります。

2 「相続分なきことの証明書」の書式

　「相続分なきことの証明書」の書式は、特に定められていません。ただし、「相続分なきことの証明書」は、通常、不動産の相続登記や預貯金の引出し・解約のために使われるので、作成にあたっては、「私は、被相続人（死亡日）から既に財産分与を受けており、被相続人の死亡による相続について、相続する相続分がないことを証明します」という内容の文言を記載し、作成日、被相続人の氏名、作成者の氏名を記入したうえで、実印で押印するのが一般的です。この場合、不動産の相続登記に印鑑証明書が必要であり、また、証明書の申請を担保するためにも、印鑑証明書を添付する必要があります。

　「相続分なきことの証明書」には、生前贈与の財産の種類や価額を記載する必要はないので、生前贈与の根拠となる書類を添付する必要はありません。

3 「相続分なきことの証明書」の作成時期

　「相続分なきことの証明書」は、被相続人の死亡後に作成されなければならず、死亡前に作成されたものは無効です。被相続人の死亡前には相続が開

始しておらず、遺産の内容が明らかでないからです。

4　「相続分なきことの証明書」の効力

⑴　「相続分なきことの証明書」による相続分の喪失

「相続分なきことの証明書」を作成すると、その相続人は、具体的な相続
分がなく、相続財産を取得することができなくなります。特に「相続分なき
ことの証明書」は、登記原因証書として使用されるため、その相続人を除い
た他の共同相続人だけで、不動産の相続登記をすることができることになり
ます。したがって、「相続分なきことの証明書」を作成する際には、十分注
意することが必要です。

⑵　内容が虚偽の場合の「相続分なきことの証明書」の効力

生前贈与がないのに事実に反して虚偽の内容が記載された「相続分なきこ
との証明書」は無効なので、あらためて遺産分割をすることができます（大
阪高裁昭和46年 9 月 2 日決定・家月24巻11号41頁）。

もっとも、「相続分なきことの証明書」が遺産分割の回避や相続放棄の便
法として利用されることもあるので、内容が虚偽であっても、作成者の真意
に基づき作成され、作成交付に瑕疵がない場合には有効とされ、自己の相続
取得分がない形での遺産分割に合意し、あるいは、他の共同相続人に自己が
取得すべき持分を譲渡する旨の遺産分割に合意したものとみなすことができ、
その旨の遺産分割協議が成立したものとして、遺産分割協議が無効になるこ
とはないとされています（東京高裁昭和59年 9 月25日判決・判時1137号76頁）。

①被相続人名義の不動産について、共同相続人の 1 人の単独相続による所
有権移転登記をするために、他の共同相続人が事実に反して「相続分なきこ
との証明書」を作成した場合、②自己の持分権を贈与あるいは放棄した遺産
分割協議が実質的に成立したものとみなされる場合もあります（大阪高裁昭
和53年 7 月20日判決・判タ371号94頁）。

5　設問の場合

　「相続分なきことの証明書」が送られてきて、署名押印して返送すると、仮に真実は特別受益（生前贈与）を受けていなくとも相続分を失う可能性がありますので、証明書の意味をよく確認して対応してください。

（三ツ村英一）

Q12　相続分はどのように定まるか

　　私には、3人の兄弟がいます。2人の兄（長男・二男）と私（三男）
Aは、先妻の子で、弟（四男）Bは、母が亡くなった後、父が再婚した
後妻との間の子です。父も後妻も、随分前に亡くなりました。令和元年
11月1日に、長男が亡くなりました。長男には、妻Cがいますが、子
がありません。二男は、長男より前に亡くなっています。二男には長女
Dと次女の2人の娘がいましたが、二男の次女も長男より前に亡くな
っていました。次女には子Eがいます。

　　長男の遺産に関して、長男の妻C、二男の長女D、二男の次女の子
（孫）E、私A、弟Bの法定相続分は、どのような割合になるのでしょ
うか。

　　また、遺産分割手続前に、妻Cの相続分を3分の2、二男の長女D
の相続分を3分の1と指定する内容の長男の遺言が発見された場合に
は、私は何ももらえなくなるのでしょうか。

〈当事者関係図〉

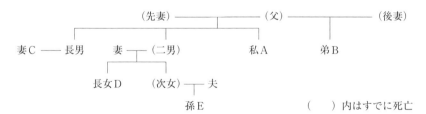

▶ ▶ ▶ Point

① 　相続分には、指定相続分と法定相続分があります。

② 　配偶者は、常に第1順位の相続人であり、配偶者と兄弟姉妹が相続人で

ある場合の配偶者の法定相続分は、4分の3になります（民法900条3号）。

③　父母の一方のみを同じくする兄弟姉妹（半血兄弟姉妹）の法定相続分は、父母の双方を同じくする兄弟姉妹（全血兄弟姉妹）の法定相続分の2分の1となります（民法900条4号ただし書）。

④　兄弟姉妹の子は代襲相続人となりますが、兄弟姉妹の孫は代襲相続人となりません（民法889条2項・887条2項）。

1　相続分の意義

相続分とは、共同相続に際して各共同相続人が相続財産を承継すべき割合をいいます（民法899条）。

相続分は、まず、被相続人の遺言による指定等によって決定され（指定相続分。民法902条）、指定がない場合には、民法の定めるところに従って決定されます（法定相続分。同法900条）。

2　法定相続分

(1)　妻の相続分

配偶者は、常に第1順位の相続人ですが、その法定相続分は、昭和55年改正によって、配偶者と子が相続人である場合の相続分が3分の1から2分の1に（民法900条1号）、配偶者と直系尊属が相続人である場合の相続分が2分の1から3分の2に（同条2号）、配偶者と兄弟姉妹が相続人である場合の相続分が3分の2から4分の3に（同条3号）おのおの引き上げられました。

設問は、配偶者と兄弟姉妹の相続の場合ですので、妻Cの法定相続分は4分の3になります。

(2)　兄弟姉妹の相続分

配偶者と兄弟姉妹が相続人である場合の兄弟姉妹の法定相続分は4分の1

ですが、兄弟姉妹が数人ある場合には、各自の法定相続分は、4分の1を均分したものとなります（民法900条4号本文）。

　ただし、父母の一方のみを同じくする兄弟姉妹（半血兄弟姉妹）の法定相続分は、父母の双方を同じくする兄弟姉妹（全血兄弟姉妹）の法定相続分の2分の1とされています（民法900条4号ただし書）。

　子が親を相続する場合に、非嫡出子の法定相続分を嫡出子の相続分の2分の1と定めた民法900条4号ただし書前段については、平等原則を定めた憲法14条1項に違反していたとの最高裁判所決定（最高裁平成25年9月4日決定・民集67巻6号1320頁）に伴い、民法の同部分が削除される改正（平成25年法律第94号による改正）がありましたが、兄弟相続については、半血兄弟姉妹と全血兄弟姉妹につき異なる扱いをする民法900条4号ただし書後段は削除されず、従来どおり適用されますので、注意が必要です。

　したがって、被相続人である長男からみて半血兄弟である弟Bの法定相続分は、全血兄弟である質問者Aらの法定相続分の2分の1になります。

(3)　代襲相続

　代襲相続は、相続人たるべき子または兄弟姉妹が相続開始前に死亡し、または相続権を失った場合に、その子または直系卑属によって行われます。

　子の代襲相続人は、直系卑属であり、子の子だけでなく子の孫も代襲相続人となるのに対し（民法887条2項・3項）、兄弟姉妹については、昭和55年改正により、代襲相続人が、兄弟姉妹の子、すなわち被相続人の甥、姪までに制限されました（同法889条2項）。

　したがって、長男の姪である二男の長女Dは、二男を代襲相続しますが、二男の孫Eは二男を代襲相続しません。

　設問の場合、法定相続分は、妻Cが4分の3で、残りの4分の1をA・Bおよび代襲相続人である二男の長女Dが相続します。

　そして、兄弟姉妹内では、二男の長女D・質問者Aは均分に、半血兄弟である弟BはAらの半分の割合で相続しますので、二男の長女Dの法定相続分

は10分の1、質問者Aの法定相続分は10分の1、弟Bの法定相続分は20分の1となります。

3 指定相続分

　被相続人は、遺留分の規定に反しない限り、遺言で、共同相続人の全部または一部の者について、法定相続人の割合と異なった割合で相続分を定めることができ、また、これを定めることを第三者に委託することができます（民法902条）。これを、相続分の指定といい、指定された相続分を指定相続分といいます。

　設問の後半部分では、遺言で、妻Cに3分の2、代襲相続人である二男の長女Dに3分の1の割合で相続分が指定されており、これは、民法902条の相続分の指定にあたりますので、法定相続分に優先します。

　また、兄弟姉妹には、遺留分がありませんので（民法1042条1項）、質問者Aは、遺留分侵害額請求権を行使することもできません。

　したがって、設問の後半部分の事案では、Aは、長男の相続財産を何ももらえないことになってしまいます。

（小林智子）

第 2 章

特別受益と寄与分

Q13　生前贈与（特別受益）と相続分

先日、私（長女D）の父Aが死亡したので、相続人である母B、長男C、私（長女D）で遺産分割について話し合いました。長男Cは父Aから土地を生前にもらっており、私（長女D）は父Aから多額のお金を生前にもらっていたので、それぞれの相続分がどのくらいになるのかをめぐってけんかになってしまいました。生前に父Aから土地やお金をもらった人の相続分はどのようになるのでしょうか。

▶▶▶ Point

① 　長男Cや長女Dが父Aから生前に贈与を受けた不動産や多額のお金は、原則として特別受益として、相続分の前渡しがなされたものとみなし、父Aの相続財産に含めて各相続人の相続分を算出することになります。

② 　長男Cや長女Dが父Aから生前に財産の贈与を受けた理由やその価額等によっては、特別受益にあたらないことも考えられます。また、特別受益にあたるとしても、父Aの持戻し免除の意思表示があると認められる場合には、持戻しをせずに遺産分割をすることになります。

③ 　令和3年改正により、令和5年4月1日以降は、父Aが死亡した時から10年を経過した後に遺産分割をする場合、原則として特別受益を主張することができなくなります。

1　特別受益と相続分

　被相続人が死亡して相続が開始した場合、原則として、共同相続人は法定相続分に応じて遺産を承継することになります。

　しかし、共同相続人の中に、被相続人から、①遺言によって財産を譲り受

けた者（遺贈を受けた者）、②婚姻もしくは養子縁組のため贈与を受けた者、③生計の資本として贈与を受けた者がいるときは、これらの遺贈や贈与（これらは「特別受益」と呼ばれています）は相続分の前渡しとみられるので、特別受益を考慮せずに相続分を決めたのでは、共同相続人間で不公平な結果を生じ、また、被相続人の意思に反することにもなるため、相続分を修正することとされています（民法903条1項）。

すなわち、遺贈や贈与の特別受益を受けた者があるときは、被相続人が死亡時（相続開始時）に有していた財産の価額に、贈与の財産の価額を加えたものを相続財産とみなしたうえで（これを「持戻し」といいます）、法定相続分に応じて各相続人の相続分を算出し、遺贈や贈与を受けた者については、その遺贈または贈与の価額を差し引いた残額が相続分であるとされています（民法903条1項）。

② 特別受益者の相続分の具体的な計算方法

(1) 遺贈の場合（特定財産承継遺言の場合）

遺言によって特定の相続人に対して特定の財産を与える場合です。たとえば、父Aが「兄Cに自宅不動産を遺贈する」という遺言をしていた場合、兄Cは自宅不動産を取得できますが、兄Cの具体的相続分は、自宅不動産も相続財産とみなしたうえで算出された一応の相続分から自宅不動産の価額を控除した額となります。なお、遺贈の場合は、被相続人死亡時に遺贈の対象となる財産が存在しており、相続財産とみなしますので、上記の「持戻し」の対象とはなりません。

もっとも、遺贈の場合、遺言者である父Aの真意としては、兄Cには法定相続分とは別に自宅不動産を遺贈するということもあり得ます。この問題は遺言の解釈の問題として争いになることがあります。

特定財産承継遺言についても遺贈と同様に考えるべきでしょう。

(2) 生前贈与の場合

たとえば、父Aの遺産が1億円で、兄Cに生前贈与した土地の価額が2000万円、質問者（長女D）に生前贈与したお金が1000万円とします。

法定相続分は、被相続人の配偶者である母Bが2分の1、兄Cと私Dはそれぞれ4分の1ずつです。

兄Cが2000万円の土地の生前贈与を受け、長女Dが1000万円のお金の生前贈与を受けているので、父Aが死亡時に有していた遺産1億円と生前贈与の合計3000万円の合計1億3000万円が相続財産とみなされます。これに法定相続分を掛けると、母Bは6500万円、兄Bは3250万円、長女Dは3250万円となります。

そして、母Bが父Aの遺産から相続できる相続分は6500万円ですが、兄Bの相続分は生前贈与を受けた土地の価額2000万円を差し引いた1250万円、長女Dの相続分は生前贈与を受けたお金1000万円を差し引いた2250万円となります。

なお、特別受益の価額が相続分の価額に等しい場合やこれを超える場合、特別受益者は相続分を受け取ることができません（民法903条2項）が、特別受益の価額が相続分の価額を超えたとしても、その超過分を返還する必要はありません。

3 特別受益にあたる場合

被相続人から相続人に対して財産が生前贈与される場合は多々ありますが、それらのすべてが特別受益にあたるというわけではありません。

前述のとおり、民法は、生前贈与として特別受益にあたる場合を二つ掲げています（前記①②③参照）。

婚姻もしくは養子縁組のための贈与としては、結婚や養子縁組をした際の持参金や支度金、嫁入り道具等が高額の場合があたります。他方、結納や結婚式の費用は一般的にこれにあたらないと考えられます。

　生計の資本としての贈与としては、住居や事業用不動産を贈与された場合や、住居の取得費用や建設費用の提供を受けた場合、事業資金の提供を受けた場合等があたります。他方、小遣いや生活費、遊興費のための贈与等は特別受益にあたらないと考えられます。高等教育（大学等）の教育費も、大学進学率が高い現在では、特別に高額の場合を除き、原則として特別受益にあたらないと考えられます。

　また、生命保険金の受取人として受領した場合は、原則として特別受益にあたらず、例外的に、遺産の全体からみて、保険金を受領した相続人と受領しない相続人との間の不公平が看過しがたい程度に大きいような特別の事情がある場合は、特別受益に準じて扱うものとされています（最高裁平成16年10月29日決定・民集58巻7号1979頁）。

　死亡退職金を受領した場合は、就業規則等により死亡退職金を受け取る遺族の生活保障の趣旨であると認められる場合は特別受益にあたらず、個人企業の役員が死亡した場合のように、死亡した本人の長年の功績に報いる趣旨である場合は、賃金の後払いという性格が強く、本来は被相続人が受領すべきものであって、特別受益にあたるとされることが多いです（遺留分事件について、東京地裁昭和55年9月19日判決・家月34巻8号74頁参照）。

　そのほかにも特別受益にあたるか否かが問題となることがありますが、その財産の贈与等を考慮しなければ相続人間で不公平が著しいものとなるかどうかを踏まえて判断されます。

　なお、相続人の配偶者や子どもが被相続人から贈与を受けていた場合は、原則として特別受益にあたりませんが、実質的には相続人への贈与であると認められる場合は特別受益にあたるとされることもあります。

4　特別受益の評価

　相続人が被相続人から贈与を受けた財産について、その価額を評価しなければなりませんが、特に不動産や有価証券の場合、相続人が実際に贈与を受

けた時、被相続人が死亡した時、遺産分割をした時で、それぞれ評価額が異なることが考えられます。

これについては、被相続人の死亡時（相続開始時）を基準に評価すべきとされています。金銭の場合は、消費者物価指数等を参考にして、贈与を受けた時の金額を相続開始時の貨幣価値に換算した価額で評価することになります。

また、特別受益者が贈与を受けた後、特別受益者の行為によって滅失や増減があった場合（売却や毀損等）でも、相続開始当時になお原状のままあるものとみなして、特別受益の価額を評価します。

5　持戻しの免除

(1)　持戻し免除の意思表示があった場合

被相続人が、相続人に対して生前贈与等の特別受益を与えていたとしても、被相続人が相続分算定の際にその生前贈与等の特別受益を遺産に加算しない意思を表示していた場合（これを「持戻し免除の意思表示」といいます）は、被相続人の意思に従って、特別受益を考慮せずに相続分が定められます（民法903条3項）。

設問で、長男Cと長女Dへの贈与について父Aの持戻し免除の意思が認められる場合は、長男Cも長女Dも法定相続分に従って、父Aの遺産1億円の4分の1である2500万円の遺産を承継することができ、母Bの相続分は5000万円となります。

(2)　持戻し免除の意思表示の有無の認定

被相続人が文書等で持戻し免除の意思を明確に表示していない場合、持戻し免除の意思表示があったといえるかが問題となります。

これについては、贈与の経緯や趣旨、贈与の額などを総合的に考慮して、被相続人が相続分以外に特に財産を与える趣旨に基づき行ったもので、そのことに合理的な事情が認められる場合に、持戻し免除の黙示の意思表示が認

められると考えられます。

　たとえば、父親の土地上に息子の一人が父親と同居するために自分で家を建てた場合において、息子が土地を無償で使用する権利（使用貸借）について、持戻し免除の意思表示があるといってよいとした裁判例があります。また、平成30年改正により、婚姻期間が20年以上の夫婦の一方である被相続人が、他方に対して、居住している建物またはその敷地について遺贈または贈与をしたとき（あるいは配偶者居住権を遺贈により定めたとき）は、この持戻し免除の意思表示をしたものと推定するとの規定が新たに設けられました（民法903条4項。令和元年7月1日施行）。

6　相続開始の時から10年を経過した後にする遺産分割の場合

(1)　令和3年改正

　令和3年改正により、相続開始の時から10年を経過した後にする遺産分割については、原則として、特別受益を主張することができないことになりました（民法904条の3本文。令和5年4月1日施行）。この特別受益の主張の期間制限（同条）は、施行日である令和5年4月1日より後に生じた相続のみならず、それ以前に生じた相続にもさかのぼって適用されます（同改正附則3条）。

　ただし、例外として、①相続開始の時から10年を経過する前（または令和5年4月1日から5年を経過する時のいずれか遅い時まで）に、相続人が家庭裁判所に遺産分割調停または審判を申し立てた場合、②相続開始の時から10年の期間（相続開始の時から始まる10年の期間の満了後に令和5年4月1日から始まる5年の期間が満了する場合にあっては、令和5年4月1日から始まる5年の期間）が満了する前6カ月以内の間に、相続人に遺産分割を請求できないやむを得ない事由があり、その事由が消滅した時から6カ月を経過する前に、その相続人が家庭裁判所に遺産分割調停または審判を申し立てた場合には、特別受益を主張することができます（民法904条の3ただし書。同改正附則3

条）。

　また、相続開始の時から10年経過後であっても、特別受益の主張はできないとしても、相続人全員の合意があれば、実質的に特別受益を考慮した内容の遺産分割を成立させることは可能です。

(2)　令和3年改正と遺産分割の調停等

　令和3年改正と関連して、相続開始の時から10年を経過した後は、相手方の同意がなければ、遺産分割の調停および審判の申立ての取下げができないことになりました（家事事件手続法273条2項・199条2項。令和5年4月1日施行）。

（矢作和彦）

Q14 　生命保険金と特別受益

> 　父が死亡し、相続人は長男と長女である私の2人です。父は生前、生命保険に加入していて、長年にわたって保険料を支払ってきましたが、保険金受取人を長男にしていましたので、父死亡後、長男は5000万円の生命保険金を受け取りました。ところが、父の遺産は2000万円の預金があるだけです。長男は特に父の面倒をみてきたわけでもないのに、長男が生命保険金のほかに預金も相続できるとすると大変不公平だと思います。このような場合の解決策はあるのでしょうか。

▶ ▶ ▶ Point

①　遺産分割をする際に、法定相続分を修正する制度として、特別受益制度と寄与分制度があります。このうち特別受益制度は、共同相続人の中に生前贈与を受けた者がいる場合には、共同相続人間の公平を図るため、その贈与分について相続分の前渡しがなされたものとみなして、共同相続人の法定相続分を修正して各共同相続人の具体的相続分を計算したうえで遺産を分割する制度です。

②　生命保険金は受取人の固有の財産であり、原則として特別受益にあたりませんが、共同相続人の不公平が甚だしい場合に、特別受益に準じて保険金受取人に相続分の前渡しがあったものとみなして、遺産分割手続において法定相続分を修正する場合があります。

1 　生命保険金は遺産といえるか

　生命保険金は、原則として遺産ではありません。特定の者が保険金受取人に指定されている場合、その受取人は、保険会社と保険契約者との間の保険

契約に基づき、被保険者の死亡により直接に保険会社に対し保険金請求権を取得します。したがって、保険金請求権は、契約の効果として発生するものであり、保険金受取人の固有の財産であって遺産ではないということになります。

また、保険金受取人が「被保険者またはその死亡の場合は相続人」や、「保険金受取人の指定のないときは保険金を被保険者の相続人に支払う」などといった場合にも、保険金請求権は遺産ではないと考えられています。

このように、生命保険金は遺産分割の対象とはならず、保険金受取人以外の相続人が取得することはできません。

ちなみに、相続税に関しては、生命保険金を「みなし相続財産」として課税の対象となる場合がありますが、相続税の問題と遺産かどうかの問題は全く別です。

2 特別受益制度

民法903条は、「共同相続人中に、被相続人から、遺贈を受け、又は婚姻若しくは養子縁組のため若しくは生計の資本として贈与を受けた者があるときは、被相続人が相続開始の時において有した財産の価額にその贈与の価額を加えたものを相続財産とみなし、第900条から第902条までの規定（筆者注：法定相続分や指定相続分の規定）により算出した相続分の中からその遺贈又は贈与の価額を控除した残額をもってその者の相続分とする」と規定しています。

これが特別受益制度といわれるもので、生前贈与を受けた共同相続人は、いわば相続分の前渡しを受けたものとみなして、その贈与分を遺産分割の際に控除するという制度です。これにより、共同相続人間の公平を図っているのです。

こうした共同相続人間の公平を図る制度としては、民法904条の2の寄与分制度もあります。この制度は共同相続人の中に被相続人に対して貢献をし

た者がいるときはその分を法定相続分に上乗せするというものです。

遺産分割調停や審判では、特別受益制度や寄与分制度によって、法定相続分や指定相続分を修正して具体的相続分を計算して遺産分割が行われます。

なお、令和３年改正により、相続開始の時から10年を経過した場合には、原則として、特別受益や寄与分に関する規定の適用が認められなくなりましたので（民法904条の３本文）、注意が必要です（Q13⑥参照）。

③　生命保険金は特別受益といえるか

それでは、生命保険金を特別受益として認めることができないでしょうか。

多くの場合、保険金受取人が保険会社から生命保険金を受け取ることができるのは、もともと被相続人が保険料を支払っていたからです。そうすると、死亡後のこととはいえ、被相続人の生前の財産の拠出によって保険金受取人がその利益を得ていることになりますから、生前贈与と同様に考えることもあながち不合理ではありません。

しかし、特別受益はあくまでも法律上の生前贈与を対象とするものですから、そのままあてはまるものではありませんし、当然に特別受益であるとすると共同相続人の１人を保険金受取人に指定した被相続人の意思に反するともいえます。

そこで、従前から議論がありましたが、最高裁判所は、死亡保険金請求権について、「民法903条１項に規定する遺贈又は贈与に係る財産には当たらないと解するのが相当である。もっとも、死亡保険金請求権の取得のための費用である保険料は、被相続人が生前保険者に支払ったものであり、保険契約者である被相続人の死亡により保険金受取人である相続人に死亡保険金請求権が発生することなどにかんがみると、保険金受取人である相続人とその他の共同相続人との間に生ずる不公平が民法903条の趣旨に照らし到底是認することができないほどに著しいものであると評価すべき特段の事情が存する場合には、同条の類推適用により、当該死亡保険金請求権は特別受益に準じ

て持戻しの対象となると解するのが相当である。上記特段の事情の有無については、保険金の額、この額の遺産の総額に対する比率のほか、同居の有無、被相続人の介護等に対する貢献の度合いなどの保険金受取人である相続人及び他の共同相続人と被相続人との関係、各相続人の生活実態等の諸般の事情を総合考慮して判断すべきである」と判断しています（最高裁平成16年10月29日決定・民集58巻7号1979頁）。

　要するに、生命保険金は特別受益にあたらないが、不公平さが著しいという特段の事情があるときは特別受益に準じて持戻しをして遺産分割をするという判断です。

　この最高裁判決の後に、①共同相続人が子2人で、そのうちの1人が取得した生命保険金が約1億円、遺産の総額も約1億円だったという場合に、被相続人との生活実態などさまざまな事情を考慮して特別受益に準ずるとした裁判例（東京高裁平成17年10月27日判決・家月58巻5号94頁）、②共同相続人が妻・長女・長男の3名で、妻が約5000万円の生命保険金を取得し、遺産総額が約6700万円だった場合に、被相続人と妻との婚姻期間が3年5カ月程度であることなどを考慮して特別受益に準ずるとした裁判例（名古屋高裁平成18年3月27日決定・家月58巻10号66頁）、③共同相続人が、長男・二男・長女・二女の4名で、そのうち二男が約430万円の生命保険金を取得し、遺産総額が約6960万円だった場合に、被相続人と二男の生活実態を考慮して特別受益に準ずることはできないとした審判例（大阪家裁堺支部平成18年3月22日審判・家月58巻10号84頁）などがあります。

4　設問の場合

　長男が受領した生命保険金が5000万円で、遺産が預金2000万円にすぎず、しかも長男が特に父の面倒をみてきたわけでもないという事情を考えると、生命保険金を特別受益に準じて持戻しの対象として認められる可能性も高いと思われます。仮に持戻しが認められれば、みなし遺産は7000万円（5000万

円＋2000万円）で、法定相続分2分の1に相当する遺産は3500万円となりますから、長女としては、預金全額2000万円を取得できることになり、長男は3500万円を超えた5000万円をすでに取得していますから預金を取得することはできないことになります。ただし、長女が3500万円を超える1500万円についてまで長男に請求できるわけではありません。

（仲隆）

Q15　寄与分

父の遺産相続で、兄から寄与分を請求されていますが、寄与分とは何でしょうか。父が亡くなってから11年が経過していますが、このような場合にも、兄の寄与分の請求は認められるのでしょうか。

▶ ▶ ▶ Point

① 　寄与分とは、相続人が被相続人の事業に労務を提供するなどして被相続人の財産の維持・増加に特別の寄与をした場合に、法定相続分のほかに相続財産の一定割合または金額を与える制度です。

② 　寄与分が認められるためには、ⓐ共同相続人であること、ⓑ寄与行為があること、ⓒ寄与行為が「特別の寄与」であること、ⓓ被相続人の財産が維持・増加していること、ⓔ寄与行為と被相続人の財産の維持・増加との間に因果関係があることが必要です。

③ 　寄与分は、令和3年改正により、原則として、相続開始の時から10年を経過した後にする遺産分割においては請求することができません。

1　寄与分の意味

　寄与分とは、相続人が被相続人の事業について労務を提供したり、財産上の給付をしたり、被相続人を療養看護したりして、被相続人の財産の維持し、または、増加したことについて特別の寄与をしたときに、相続人に法定相続分のほかに寄与に相当する相続財産の一定割合または金額を与える制度です（民法904条の2）。

　これは、共同相続人の1人が被相続人の財産の維持・形成に特別の寄与をした場合に、何ら寄与をしていない他の共同相続人と同様に扱うことは不公

平であることから、寄与分を与えて共同相続人間の実質的な衡平を図る趣旨
です。

2　寄与分の成立要件

寄与分が認められるためには、①共同相続人であること、②寄与行為があ
ること、③寄与行為が「特別の寄与」であること、④被相続人の財産が維
持・増加していること、⑤寄与行為と被相続人の財産の維持・増加との間に
因果関係があることが必要です。

3　共同相続人であること

(1)　寄与分を請求できる者

民法904条の2第1項には「共同相続人」と規定され、共同相続人間の実
質的な衡平を図る趣旨であることから、寄与分を主張するためには、共同相
続人であることが必要です。

なお、欠格事由がある相続人（民法891条）、廃除された推定相続人（同法
892条・893条）、相続放棄した相続人（同法939条）は、相続人ではないので、
寄与分を請求することはできません。

(2)　代襲相続人による寄与分の請求

共同相続人の死亡によって、その者に代わって被相続人を相続した子ども
（いわゆる代襲相続人）も、共同相続人の寄与分を主張することができます。

これに対し、代襲相続人が代襲相続人自身の寄与分を主張できるかについ
ては争いがあります。代襲相続の原因（共同相続人の死亡）が発生した後に
ついては、相続人の資格を取得しているから寄与分を主張できるが、発生前
については、相続人の資格を取得していないので寄与分を主張できないとす
る考え方や、遺産分割時に相続人である以上、代襲相続の原因の発生の前後
で区別する必要はないという考え方があります。

もっとも、代襲相続人も民法1050条の被相続人の親族にあたり、特別寄与

者として特別寄与料を請求でき、結論としてそれほど差異はありません。

4　寄与行為があること

　寄与行為の類型としては、①家事従事、②財産給付、③療養看護、④扶養、⑤財産管理などがあります。

　①家事従事とは、被相続人が営む農業や小売業等の事業に従事して労務を提供する場合です。

　②財産給付とは、被相続人に金銭を贈与したり、不動産を無償で使用させたり、財産権や財産上の利益を給付したりする場合です。

　③療養看護とは、病気で療養中の被相続人を看護する場合です。認知症の被相続人を介護することも、これにあたります。

　④扶養とは、通常の扶養義務の範囲を超えて、無償あるいはこれに近い状態で、継続的に被相続人を扶養する場合です。扶養した場合であっても、通常の扶養義務の範囲内であれば、寄与行為とは認められません。

　⑤財産管理とは、被相続人の不動産の管理等、被相続人の財産を管理する場合です。

5　寄与行為が「特別の寄与」であること

　寄与分を主張するためには、寄与行為が「特別の寄与」であることが必要で、「特別の寄与」とは、被相続人と相続人との身分関係の中で通常期待される程度を超える貢献をいいます。

　これは、夫婦間であれば協力扶助義務（民法752条）、直系血族や兄弟姉妹間であれば扶養義務（同法877条1項）を負うことから、その範囲内の行為は、通常の寄与であって当然に相続分の中で評価され、相続分を修正する必要がないからです。

　「特別の寄与」といえるかどうかは、寄与行為が特別であるかどうかに加えて、無償かどうか、継続して行われているかどうか、どの程度専従してい

るかによって判断されます。

　有償の場合には、相当な対価を得ている限り、それによって寄与行為は評価されているので、特別の寄与にあたりません。また、寄与行為が短期間の場合には、親族間で通常期待される行為にすぎないので、特別の寄与にあたりません。専従性については、ほかに仕事をせず、専属して寄与行為をしている場合に特別の寄与にあたりますが、仕事を兼業している場合や介護の専門職でない場合であっても、兼業の度合いや習熟度に応じて寄与分が認められる場合があります。

6　被相続人の財産が維持・増加していること

　寄与分が認められるためには、被相続人の財産が維持・増加していることが必要です。したがって、たとえば、被相続人が代表取締役になっている会社で相続人が労務を提供し、財産上の給付をしても、会社の財産が維持・増加しているにすぎず、被相続人の財産が維持・増加しているわけではないので、原則として寄与分を主張することはできません。

　もっとも、会社といっても実質的には個人企業であって、被相続人と会社とが経済的に極めて密着した関係にあり、共同相続人による会社への労務の提供や財産給付等と被相続人の資産の確保に明確な関連性がある場合には、被相続人に対する寄与と認められる可能性はあります（高松高裁平成8年10月4日決定・家月49巻8号56頁参照）。

7　寄与行為と被相続人の財産の維持・増加との間に因果関係があること

　寄与分が認められるためには、寄与行為と被相続人の財産の維持・増加との間に因果関係があることが必要です。したがって、療養看護によって被相続人を精神的に満足させたというだけでは、被相続人の財産の維持・増加に影響していない以上、寄与分は認められません。

　また、被相続人の財産が減少した場合であっても、寄与行為によって減少の額を抑えられたという場合には、寄与分が認められる可能性があります。

8　寄与分の請求期間

(1)　令和 3 年改正による請求期間の制限

　令和 3 年改正によって、原則として、相続開始の時から10年を経過した後にする遺産分割においては、寄与分を請求することができなくなりました（民法904条の 3 本文）。

　ただし、①相続開始の時から10年を経過する前に、相続人が家庭裁判所に遺産分割を請求したとき（民法904条の 3 第 1 号）、②相続開始の時から始まる10年の期間の満了前 6 カ月以内の間に、遺産分割を請求することができないやむを得ない事由が相続人にあった場合に、その事由が消滅した時から 6 カ月を経過する前に、その相続人が家庭裁判所に遺産分割を請求したとき（同条 2 号）は、寄与分を請求することができます。

(2)　令和 3 年改正の施行日前に相続が開始していた場合

　この規定は、令和 3 年改正の施行日（令和 5 年 4 月 1 日）前に相続が開始した遺産分割についても適用されます（同改正附則 3 条）。

　この場合、民法904条の 3 第 1 号については、相続開始の時から10年を経過する時、または令和 5 年 4 月 1 日から 5 年を経過する時のいずれか遅い時までに、相続人が家庭裁判所に遺産分割を請求したときには、寄与分を請求することができます。

　他方、民法904条の 3 第 2 号については、相続開始の時から始まる10年の期間の満了後に令和 5 年 4 月 1 日から始まる 5 年の期間が満了する場合は、5 年の期間の満了前 6 カ月以内の間に、それ以外の場合は、相続開始の時から始まる10年の期間の満了前 6 カ月以内の間に、やむを得ない事由があることが必要です。

（三ッ村英一）

Q16　寄与分の算定方法

　母の遺産相続で、認知症の母を1年間介護していた妹から寄与分を請求されています。寄与分は、どのように算定すればよいでしょうか。また、協議がまとまらないときは、どうすればよいでしょうか。

▶ ▶ ▶ Point

①　寄与分は、寄与の時期、方法および程度、相続財産の額その他いっさいの事情を考慮して定めます。

②　相続人が被相続人の療養看護をした場合の寄与分は、日当額×療養看護日数×裁量割合で算定します。

③　寄与分は、まず、共同相続人全員の協議によって定め、協議が調わないときや、協議ができないときは、家庭裁判所によって寄与分を定めます。

1　寄与分の算定方法

　寄与分は、寄与の時期、方法および程度、相続財産の額その他いっさいの事情を考慮して定めます（民法904条の2第2項）。

　寄与分を定める方法としては、①相続財産全体に占める寄与分の割合を定める方法、②寄与分に相当する金額を定める方法、③特定の相続財産を寄与分とする方法があります。

　寄与分を算定する場合、相続債務を考慮することなく、積極財産だけを基礎にします。積極財産から寄与分を除いた財産を相続財産とみなして（「みなし相続財産」といいます）、これを基準に各自の相続分を算定し、寄与した相続人については、寄与分を加えて相続分とします。

　相続人の寄与行為は、相続開始前の行為に限られ、相続開始後の行為は、

寄与分として考慮されません。また、寄与行為と相続開始時との間の期間が長くなるほど、寄与行為と被相続人の財産の維持・増加との因果関係が希薄になり、寄与分としての評価が低くなります。

寄与分の評価は、相続開始時を基準とします。相続財産に不動産がある場合、不動産の評価は、固定資産税評価額、路線価、時価等を基準として、共同相続人全員で合意できれば問題ありません。合意できない場合には、裁判所の鑑定によることになります。

寄与分は、被相続人が相続開始のときに有していた財産の価額から遺贈の価額を控除した残額を超えることはできません（民法904条の2第3項）。

2　寄与行為の類型による算定方法

寄与行為の類型としては、①家事従事、②財産給付、③療養看護、④扶養、⑤財産管理などがあります（Q15④参照）。

(1)　家事従事の場合

家事従事の場合には、〔寄与者の受けるべき相続開始時の年間給与額×（1－生活費控除率）×寄与年数×裁量的割合〕という計算式により、寄与分を算定します。

寄与者の受けるべき相続開始時の年間給与額は、賃金センサスなどを参考にします。

生活費控除率は、実際の生活費、あるいは、交通事故の場合の生活費控除率を参考にします。生活費控除率については、おおむね、以下のように考えられています。

　ⓐ　一家の支柱かつ被扶養者1人の場合：－40％

　ⓑ　一家の支柱かつ被扶養者2人以上の場合：－30％

　ⓒ　女性（主婦、独身、幼児等を含む）の場合：－30％

　ⓓ　男性（独身、幼児等を含む）の場合：－50％

⑵　**財産給付の場合**

財産給付の場合には、財産給付の態様に応じて、次のように寄与分を算定します。

ⓐ　不動産取得のための金銭贈与の場合

相続開始時の不動産価額×（寄与者の出資額÷取得当時の不動産価額）

ⓑ　不動産の使用貸借の場合

相続開始時の賃料相当額×使用年数×裁量的割合

ⓒ　金銭贈与の場合

贈与当時の金額×貨幣価値変動率×裁量的割合

⑶　**療養看護の場合**

療養看護の場合には、療養看護の態様に応じて、次のように寄与分を算定します。

ⓐ　寄与者が療養看護を行った場合

日当額×療養看護日数×裁量的割合

日当額については、交通事故における近親者の付添費（入院付添費1日6500円、通院付添費1日3300円）や、介護度や介護内容に応じた介護保険における介護報酬を参考にします。

裁量割合については、被相続人との身分関係、被相続人の状態、専従性の程度、療養看護することになった経緯などに応じて決められます。

ⓑ　寄与者が費用を負担した場合

負担額全額

⑷　**扶養の場合**

扶養の場合には、現実に負担した額×（1－寄与者の法定相続分割合）という計算式により、寄与分を算定します。

⑸　**財産管理の場合**

財産管理の場合には、第三者に管理を委任した場合の報酬額×裁量的割合という計算式により、寄与分を算定します。

3 設問の場合

設問の場合、特別の寄与にあたるという前提で考えると、1年間、母を介護していたということなので、看護療養日数は365日になります。もっとも、サービスやショートステイを利用していた場合には、その分が控除される場合があります。

日当額については、介護度や介護内容により異なりますが、介護報酬基準は、有資格者に対する報酬であり、扶養義務を負う親族とは当然異なるので、裁量によって一定程度減額される可能性もあります（横浜家裁川崎支部審判平成29年5月31日・判例集未登載参照）。

以上を踏まえて、仮に、日当額を6500円、看護療養日数を365日、裁量的割合を0.7とした場合の寄与分は、6500円×365日×0.7＝166万0750円となります。

4 寄与分を定める手続

寄与分は、共同相続人全員で協議することによって定めます（民法904条の2第1項）。協議が調わないときや、協議ができないときは、家庭裁判所に寄与分を定める処分の調停・審判を申し立て、家庭裁判所によって寄与分を定めます（同条2項）。

調停は、相手方の住所地の家庭裁判所または当事者が合意で定める家庭裁判所に申し立てます（家事事件手続法245条1項）。

寄与分を定める処分の調停・審判の申立ては、単独ですることができますが、通常は、まず、遺産分割の調停の申立てをして、その中で寄与分について主張し、協議が調わないときは、あらためて寄与分の調停を申し立てることが多いといえます。

（三ツ村英一）

Q17 寄与分と相続分の関係

(1) 父の遺産は3000万円で、相続人は、姉と兄と私（弟）の３人です。姉は長年父を看護してきたので、600万円の寄与分を認めることにしました。この場合、それぞれの具体的な相続分はいくらになるでしょうか。なお、父には、300万円の借金があります。

(2) 父の遺産は2000万円で、相続人は、私（弟）と兄の２人です。父は、生前、兄に住宅の購入資金として1000万円を贈与し、私は、父の生活費にあてるため500万円を援助してきました。この場合、それぞれの具体的な相続分はいくらになるでしょうか。

(3) 父の遺産は1500万円で、相続人は、私（兄）と弟と妹の３人です。私の寄与分が900万円と認められた場合、それぞれの具体的な相続分はいくらになるでしょうか。

▶ ▶ ▶ Point

① 寄与分は、相続債務を考慮せず、積極財産から寄与分を除いた財産を基準に各自の相続分を算定し、寄与した相続人に寄与分を加えます。

② 特別受益（民法903条）と寄与分（同法904条の２）が認められる場合、特別受益と寄与分の両方を同時に適用してみなし相続財産額とし、各相続人の具体的相続分を算定します。

③ 寄与分が遺留分を侵害する場合、寄与分を優先して、各相続人の具体的相続分を算定します。

1　寄与分のある相続人がいる場合の具体的な相続分

⑴　相続分の算定順序

　寄与分のある相続人がいる場合、各相続人の具体的な相続分は、相続債務を考慮することなく、積極財産から寄与分を除いた財産を相続財産とみなして（これを「みなし相続財産」といいます）、これを基準に各自の相続分を算定し、寄与した相続人については、寄与分を加えて相続分とします。

⑵　設問⑴の具体的相続分

　父には300万円の借金がありますが、具体的な相続分の算定にあたっては借金を考慮しないので、積極財産の3000万円を基準とします。姉の寄与分は、600万円なので、2400万円がみなし相続財産になります。各相続人の法定相続分は、それぞれ3分の1なので、この場合の各相続人の具体的相続分は、次のようになります。

　　①　姉の具体的相続分

　　　　2400万円×3分の1＋600万円＝1400万円

　　②　兄の具体的相続分

　　　　2400万円×3分の1＝800万円

　　③　弟の具体的相続分

　　　　2400万円×3分の1＝800万円

　なお、300万円の借金は、各相続人の法定相続分に従って、それぞれが100万円を負担することになります。

2　特別受益と寄与分との関係

⑴　特別受益の算定

　共同相続人の中に、被相続人から遺贈を受け、または、婚姻、養子縁組のため、もしくは生計の資本として贈与を受けた者がいる場合には、相続財産の価額に、贈与の価額を加えたものを相続財産とみなして（みなし相続財産）

相続分を算定し、その中から遺贈または贈与の価額を控除して、具体的な相続分を算定します（民法903条1項）。これを特別受益といいます。

(2)　設問の場合の特別受益

生計の資本としての贈与とは、生計の基礎に役立つ贈与のいっさいをいい、住宅の購入資金としての贈与は、これにあたるので、兄に対する1000万円の生前贈与は、特別受益にあたります。

したがって、被相続人が生前贈与の価額を相続財産の価額に加えることを免除している場合を除いて、遺産分割にあたっては、相続財産の価額に生前贈与の価額を加えてみなし相続財産として、具体的な相続分を算定しなければいけません。

(3)　特別受益と具体的相続分の計算順序

父の生活費にあてるために500万円を援助した行為は、通常、特別の寄与と評価でき、寄与分が認められます。この場合、兄には1000万円の特別受益があり、他方、弟には500万円の寄与分があることになりますが、どのように遺産分割をすべきか、特別受益（民法903条）と寄与分（同法904条の2）の適用関係が問題になります。

この点については、特別受益を優先適用する考え、寄与分を優先適用する考え、両者を同時に適用する考えなどがありますが、両者を同時に適用して各相続人の具体的相続分を算定するのが一般的です。

(4)　設問(2)の具体的相続分

この同時適用の考え方に基づいて、各相続人の具体的相続分を算定すると、次のようになります。

①　みなし相続財産額

　　2000万円＋1000万円－500万円＝2500万円

②　兄の具体的相続分

　　2500万円×2分の1－1000万円＝250万円

③　弟の具体的相続分

2500万円 × 2 分の 1 ＋500万円＝1750万円

このように、設問では、兄が250万円、弟が1750万円を相続することになります。

3　遺留分と寄与分の関係

⑴　遺留分

遺留分とは、兄弟姉妹以外の相続人（遺留分権利者）のために法律上必ず留保されなければならない相続財産の一定の割合をいいます（民法1042条以下）。

遺留分を侵害された場合、遺留分権利者は、受遺者、受贈者等、遺留分を侵害する行為によって利益を受けた者に対して、遺留分侵害に相当する金銭の支払いを請求することができます（民法1046条）。

⑵　平成30年改正の影響の有無

寄与分（民法904条の 2 ）によって遺留分（同法1046条）が侵害される場合、民法は、両者の関係について規定していないため、どちらが優先されるのか、両者の適用関係が問題になります。

この点については、平成30年改正前民法において、寄与分は形式上遺留分減殺の対象ではなく（平成30年改正前民法1044条で904条の 2 が準用されていない）、寄与分により遺留分の侵害を制限する規定もないため、寄与分が遺留分に優先すると考えられていたことから、平成30年改正後においても同様と考えられます。

⑶　設問⑶の具体的相続分

この考え方に基づいて、各相続人の具体的相続分を算定すると、次のようになります。

①　弟と妹のそれぞれの遺留分

1500万円 × 2 分の 1 （遺留分割合） × 3 分の 1 （法定相続分）＝300万円

② みなし相続財産

1500万円 − 900万円 = 600万円

③ 兄の具体的相続分

600万円 × 3分の1 + 900万円 = 1100万円

④ 弟の具体的相続分

600万円 × 3分の1 = 200万円

⑤ 妹の具体的相続分

600万円 × 3分の1 = 200万円

(4)　実際上の運用

　もっとも、実際上は、各相続人の遺留分額も、寄与分を定めるにあたって考慮すべき事項に含まれるので、遺留分を侵害するような寄与分が定められる可能性はそれほど大きくはありません。

　下級審判例においても、農業を営んでいた被相続人である父と共に農地を管理し、父を療養看護した長男に遺産の7割を寄与分として認め、他の相続人の遺留分を侵害した事案について、寄与分を定めるにあたっては、他の相続人の遺留分について考慮するのは当然であるとして、他の相続人に遺留分を大きく下回る財産しか与えなかったのは違法と判断しています（東京高裁平成3年12月2日決定・判タ794号215号参照）。

（三ツ村英一）

第 3 章

特別寄与制度と
配偶者居住権

Q18　特別寄与制度

　私と夫は、夫の父と同居していましたが、先に夫が亡くなりました。しかし、亡夫の父の懇願を受けて、それから約 5 年間、その介護をしてきました。このたび、その父が亡くなり、亡夫の兄弟姉妹間で相続が発生しました。なお、亡夫の父の妻は10年前に死亡しており、私と亡夫との間に子はいません。兄弟姉妹たちは私を住居から追い出そうとしていますが、私としては、亡夫の父の介護について金銭的要求をすることはできないでしょうか。

▶ ▶ ▶ Point

① 　平成30年改正により、特別寄与制度が創設され、相続人以外の親族であっても、「療養看護その他の労務の提供」について特別の寄与があれば、相続の開始および相続人を知った時から 6 カ月間または相続開始の時から 1 年間に限り、相続人に対し金銭的請求をすることができるようになりました。

② 　特別寄与料の支払いが認められるのは、行為が無償で行われた場合に限られます。療養看護をしたからといって、その実質的対価が支払われている場合には、特別の寄与とはいえません。

1　特別寄与制度の趣旨

　民法904条の 2 は、寄与分という制度を定め、「被相続人の事業に関する労務の提供又は財産上の給付、被相続人の療養看護その他の方法」により、「被相続人の財産の維持又は増加について特別の寄与をした者」がある場合には、その者に対して、法定相続分に加えて、遺産に対する一定の割合や額

の取得を認め、共同相続人間の公平を図っています。

　しかし、この寄与分が認められるのは法定相続人に限られます。たとえば、被相続人の子である夫の妻が被相続人の療養看護に努めた場合、妻に寄与分が認められるわけではありません。もっとも、このような場合であっても、以前から相続人である夫の寄与分として妻の療養看護を評価する審判例もありました（東京高裁平成22年9月13日決定・家月63巻6号82頁、東京家裁平成12年3月8日審判・家月52巻8号35頁）。しかし、必ずしも法的根拠が明らかとはいえませんし、仮に夫が先に死亡して、子もいない場合には妻の寄与行為は評価されないことになります。そうしますと、全く療養看護等を行ってこなかった相続人が遺産の分配を受ける一方で、無償で療養看護してきた親族には何の補償もないというのは不公平感が拭えません。

　そこで、平成30年改正の際に、民法1050条と家事事件手続法216条の2〜216条の5が新設され、相続人以外の親族の特別の寄与につき、当該親族が相続人に対し金銭請求をすることができるようになりました。これが特別寄与制度といわれるものです。

2　特別寄与料の請求が認められる要件

　特別の寄与が認められる親族を「特別寄与者」といい、請求できる金銭を「特別寄与料」といいます。

　まず、「親族」の範囲は、民法725条により、①六親等内の血族、②配偶者、③三親等内の姻族となります。ただし、民法1050条は、「親族」から、相続人、相続を放棄した者、相続欠格者、被廃除者については除外しています。

　次に、条文上、「療養看護その他の労務の提供」に限定されています。この点で、民法904条の2の寄与分と異なっています。つまり、「財産上の給付」や労務提供以外の「その他の方法」による寄与行為は認められないことになります。

　また、条文上、「無償」という用語が付加されていることも大事です。寄

与行為をしたといっても、被相続人から実質的な対価を得ていた場合には寄与分が認められないことが明確になっているといえます。

そして、寄与料の支払いが認められるのは、寄与行為によって、被相続人の財産の維持または増加があったことが必要です。この要件は、民法904条の2と異なりません。そこで、特別寄与者は、寄与行為と相続財産の維持・増加との因果関係を明らかにする必要があるのです。

3 特別寄与料の請求手続

(1) 相続人との協議

まず、特別寄与者は、相続人との間で、特別寄与料について協議することができます。

条文上、「特別寄与料の支払について、当事者間に協議が調わないとき、又は協議をすることができないとき」とありますので、特別寄与の有無および額は特別寄与者と相続人間の協議が前提となっています（民法1050条2項）。

(2) 家庭裁判所に対する申立て

当事者間で協議が調わないとき、または協議をすることができない場合に、特別寄与者は、家庭裁判所に対して、特別の寄与に関する処分の調停または審判の申立てを行うことができます（民法1050条2項本文）。

管轄は、相続開始地を管轄する家庭裁判所です（家事事件手続法216条の2）。

家庭裁判所は、寄与の時期、方法および程度、相続財産の額その他いっさいの事情を考慮して、特別寄与料の額を定めることができ（民法1050条3項）、それに基づいて、相続人に対し、金銭の支払命令をすることができます（家事事件手続法216条の3）。

なお、特別寄与料の額は、被相続人が相続開始時において有した財産の価額から遺贈の価額を控除した残額を超えることができないという規定があります（民法1050条4項）。

また、請求期間が定められています。つまり、家庭裁判所に対する特別の

寄与に関する処分の申立ては、特別寄与者が相続の開始および相続人を知った時から6カ月または相続開始の時から1年の間に行わなければなりません（民法1050条2項ただし書）。

　なお、特別の寄与に関する処分の審判に対しては申立人および相手方、処分の申立てを却下する審判に対しては申立人が、それぞれ即時抗告できます（家事事件手続法216条の4）。

4　相続人が複数いる場合の負担割合

　相続人が複数人いるとき（共同相続の場合）は、特別寄与者と共同相続人間の協議により決定する場合を除いて、各共同相続人は、民法900条〜902条の規定により算定した相続分（法定相続分や指定相続分）に応じて、特別寄与料の額を負担することになっています（同法1050条5項）。

　なお、特別寄与料は、共同相続人が被相続人の債務を相続により承継するものではありません。あくまで相続人固有の債務です。そこで、特別寄与者としては、共同相続人全員に対し請求しなければならないものではないと考えられます。もっとも、民法1050条5項により、請求の相手方とされた共同相続人の相続分に応じた金額の限度で特別寄与料が認められることになります。

5　特別寄与料の保全処分の申立て

　特別寄与料を請求するために、保全処分を申し立てることも可能です。

　つまり、特別の寄与に関する処分の審判または調停の申立てをした場合において、申立人は、家庭裁判所（または高等裁判所）に対し、特別の寄与に関する処分の審判を本案として、仮差押えや仮処分その他の必要な保全処分を求めることができます（家事事件手続法216条の5）。

　そして、強制執行を保全し、または申立人の急迫の危険を防止する必要があるときに、保全処分が認められることになります（家事事件手続法216条の

5)。

6 設問の場合

　質問者は、夫の父に対する5年間にわたる介護について、兄弟姉妹たちに対し特別寄与料を請求することができますので、まず、その協議をします。協議が調わない場合には家庭裁判所に特別寄与料の支払いを求めることができます。ただし、介護の代わりに、無償で住居に住むことができたとか、あるいは食費を出さずに済んだなどという場合には、特別の寄与とまで認められないこともあります。

（仲隆）

Q19 配偶者居住権

> 先日、夫が死亡しました。相続人は、妻である私、長男、二男の3人です。遺産としては、自宅（一戸建て、土地価格は4000万円、建物価格は500万円（いずれも固定資産税評価額））以外には預金が1500万円あります。私は今後も住み慣れた家で生活していきたいと考えていますが、息子たちは法定相続分による遺産分割を主張しています。どのようにしたらよいでしょうか。
>
> なお、自宅建物は木造で築20年、私は75歳です。

▶▶▶ Point

① 平成30年改正により、新たに配偶者居住権が創設されました。

② 配偶者が、配偶者居住権を取得することで、住み慣れた住居に住み続けながら、生活資金を確保することが可能になりました。

1 配偶者居住権が創設された趣旨

配偶者を失った高齢者は、以降も住み慣れた自宅に住み続けたい、という要望をもつことが多いです。これを実現するには、今までは自宅の所有権を配偶者が相続するか、自宅を相続した者と使用貸借契約を締結することが必要でした。しかし、特に都市部においては、自宅が遺産の中で占める割合が大きいことが通常です。したがって、法定相続分に沿った遺産分割で自宅を相続しようとすれば、十分な生活資金の確保ができなかったり、かえって代償金を支払わなければならなかったり、ということが起きます。また、自宅を他の者が相続した場合、その者と使用貸借契約を結ぶには、その者と協議する必要があります。

こうした実情を踏まえ、平成30年改正により、配偶者に対し所有権を取得するより低廉に居住権を確保させるための方策として、配偶者居住権が創設されました（民法1028条〜1036条）。

2　配偶者居住権が成立するための要件として何が必要か

配偶者とは、被相続人と法律上の婚姻をしていた者に限られ（民法1028条1項本文）、内縁の配偶者は含まれません。

(1)　配偶者が相続開始の時に、遺産である建物に居住していたこと

「居住」とは、生活の本拠としていたことを指します。したがって、相続開始時に配偶者が一時的に入院、入所していた場合も「居住していた」とされます。

(2)　建物が、被相続人の単独所有あるいは配偶者と2人の共有であること

被相続人が配偶者以外の者と建物を共有していた場合は認められません（民法1028条1項ただし書）。

(3)　建物について、配偶者に配偶者居住権を取得させる旨の遺産分割、遺贈（死因贈与）がされたこと

遺産分割には、遺産分割協議や調停によるものだけでなく、審判によるものも含まれます。ただし、審判で配偶者居住権が認められるためには、①共同相続人間で配偶者に配偶者居住権を取得させることが合意されている（民法1029条1号）か、②配偶者が配偶者居住権の取得を希望する旨を家庭裁判所に申し出た場合で、居住建物の所有者の受ける不利益の程度を考慮してもなお配偶者の生活維持のために特に必要があると認められる（同条2号）ことが必要です。

遺贈とは、遺言で他人に自分の財産を与える処分行為です。設問の場合は、「配偶者○○に配偶者居住権を遺贈する」という遺言をすることになります。遺言で行われることから、単独行為です。これに対し、死因贈与は贈与者の死亡によって効力を生ずる契約であり、配偶者居住権の死因贈与契約は、夫

婦間で締結されることになります。

3　配偶者居住権の効力はどのようなものか

⑴　配偶者居住権の存続期間

配偶者居住権の存続期間は、原則として配偶者の終身の間とされています（民法1030条）。

⑵　居住建物の使用・収益権

配偶者は、無償で居住建物全部の使用および収益をすることができます。ただし、配偶者は、居住建物の所有者の承諾を得なければ、その改築・増築をしたり、第三者に居住建物の使用もしくは収益をさせることはできません（民法1032条3項）。

また、配偶者は、配偶者居住権を譲渡することはできません（民法1032条2項）。

一方、配偶者は、居住建物の使用および収益に必要な修繕をすることができます（民法1033条1項）。なお、居住建物の所有者は、修繕が必要にもかかわらず、配偶者が相当の期間内にこれを行わないときは、自ら修繕をすることができます（同条2項）。

ただし、配偶者は、居住建物の通常の必要費を負担することとされています（民法1034条1項）。通常の必要費には、居住建物の保存に必要な修繕費のほか、居住建物やその敷地の固定資産税が含まれるものとされています。

⑶　第三者対抗要件

居住建物の所有者は、配偶者に対し、配偶者居住権の設定登記を備えさせる義務を負います（民法1031条1項）。配偶者居住権の設定登記を備えた配偶者は、配偶者居住権を第三者に対抗することができます。

⑷　配偶者居住権の消滅事由

配偶者居住権は、「配偶者が死亡した場合」「存続期間が満了した場合」「居住建物が全部滅失等した場合」「居住建物の所有者による消滅請求がなさ

れた場合」「居住建物が配偶者の単独所有となった場合」「配偶者が配偶者居住権を放棄した場合」には消滅します。

４　配偶者居住権はどのように評価されるか

　配偶者居住権は、法定の債権と考えられており、遺産分割をする際には、この価値がいくらなのかを決めなければなりません。それを算定するために、いくつかの方法があります。

　不動産の鑑定に携わる不動産鑑定士からは、「居住建物の賃料相当額」から「配偶者が負担する通常の必要費」を控除した価額に、存続期間に対応する年金現価率を乗じた価額である、とする考え方が提案されています。現在、家庭裁判所の調停や審判において不動産価格の合意が得られない場合には、不動産鑑定士による鑑定が行われています。したがって配偶者居住権について鑑定が行われることになった場合には、このような手法がとられることになると思われます。

　上記の考え方では、「居住建物の賃料相当額」や「年金現価率」を知ることが必要ですが、これは専門家以外には難しいことです。そのため、配偶者居住権をより簡易に評価する方法として、提案されているのが、固定資産税評価額、建物の法定耐用年数、配偶者居住権の存続年数（配偶者の平均余命から簡易生命表で算定）に応じた民法の法定利率による複利現価率（ライプニッツ係数）を使って計算する方法です。公にされている数字を使えることから、一般の方にも計算が容易であり、特に分割協議の場では多く用いられて行くと思われます。

　この方法にて、配偶者居住権の価格を計算すると、以下のようになります。
　配偶者居住権の価額は、

> 建物および敷地の現在価額－配偶者居住権付所有権

で計算されます。

そして配偶者居住権付所有権の価額は、負担付建物所有権と負担付土地所有権の合計額であるところ、負担付建物所有権の価額は、

> 建物の固定資産税評価額×（残存耐用年数−存続年数）÷残存耐用年数×存続年数に応じた民法の法定利率による複利現価率

により求められます。

また、負担付土地所有権の価額は、

> 敷地の固定資産税評価額ないし時価×存続年数に応じた民法の法定利率による複利現価率

で求められます。

したがって、設問の場合、

負担付建物所有権の価額はゼロとなり（残存耐用年数＜存続年数のため）、負担付土地所有権の価額は、2644万円（4000万×0.661）となりますので、配偶者居住権の評価額は、4000万円＋500万円−2644万円＝1856万円となります。

5　設問の場合

遺産の中に占める自宅の価値が大きく、自宅土地建物の所有権を取得すると、息子たちに多額の代償金を支払わなければなりません。所有権の代わりに配偶者居住権を取得することで、居住権を確保したうえで金融資産を取得することも可能になりますので、検討することをおすすめします。

（浦岡由美子）

Q20 配偶者短期居住権

先日、夫が死亡しました。相続人は、妻である私と先妻の子である長男、長女の3人です。私は夫が所有する一戸建て住宅に住んできましたが、長男は「（相続開始後も）そこに住み続けるなら法定相続分に見合った賃料相当のお金を支払うように。支払わないならすぐに出ていってください」と言ってきています。自宅はかなり広く、私が賃料相当のお金を支払うことは不可能です。私はすぐにこの家を出ていかないとならないのでしょうか。

夫が「この建物を長男に相続させる」という遺言をしていた場合はどうでしょうか。

▶ ▶ ▶ Point

① 平成30年改正により、配偶者短期居住権が創設されました。

② 相続開始時に被相続人が所有する建物に無償で居住していた配偶者について、最低6カ月間、その居住権を保護する制度です。

1 配偶者短期居住権が創設された趣旨

自分の配偶者を失った場合、その配偶者はそれまで居住してきた建物に住み続けることを希望することが通常です。こうした要望は、残された配偶者が高齢である場合は、より大きいといえます。

判例（最高裁平成8年12月17日判決・判時1589号45頁）は、設問と同様の事案について、「相続人の一人が相続開始時に被相続人所有の建物に居住していた場合には、特段の事情のない限り、被相続人とその相続人との間で、相続開始時を始期とし、遺産分割時を終期とする使用貸借契約が成立していた

ものと推認される」と判示しています。しかし、上記判例では「特段の事情」が認められる場合（配偶者以外の者にこの建物が承継される趣旨の遺言がされた場合等）には、配偶者の無償での居住は認められないことになります。

　平成30年改正では、配偶者短期居住権という規定を設けて、上記判例では居住が認められないと考えられる場合についても、一定期間配偶者の居住を保護することとされました（民法1037条〜1041条）。

②　配偶者短期居住権が成立するための要件として何が必要か

　配偶者とは、被相続人と法律上の婚姻をしていた者に限られ（民法1028条）、内縁の配偶者は含まれません。

　配偶者が相続開始の時に、遺産である建物に無償で居住していたことが必要です。「居住」とは、生活の本拠としていたことを指します。したがって、相続開始時に配偶者が一時的に入院、入所していた場合も「居住していた」とされます。

③　配偶者短期居住権の効力はどのようなものか

⑴　配偶者短期居住権の存続期間

　居住建物について配偶者を含む共同相続人間で遺産の分割をすべき場合、遺産の分割により居住建物の帰属が確定した日、または相続開始の時から6カ月を経過する日のいずれか遅い日まで、とされています（民法1037条1項1号）。

　上記以外の場合、たとえば居住建物が配偶者以外の者に特定財産承継遺言や遺贈がされた場合、その建物を取得した者が配偶者短期居住権の消滅を申し入れてから6カ月とされています（民法1037条1項2号）。

⑵　配偶者短期居住権の内容

　配偶者は、配偶者短期居住権の存続期間中、無償で居住建物全部（相続開始前から居住建物の一部のみを無償で使用していた場合にあっては、その一部の

み）を無償で使用することができます。配偶者は、従前の用法に従って善良な管理者の注意をもって居住建物の使用をしなければならず（民法1038条1項）、他のすべての相続人（遺言による居住建物取得者がいる場合はその者）の承諾を得なければ、第三者に居住建物を使用させることはできません（同条2項）。

　配偶者短期居住権を譲渡することができないこと、居住建物の修繕、費用負担については、配偶者居住権と同様です（民法1041条・1032条2項・1033条・1034条）。

(3)　配偶者短期居住権の消滅

　配偶者短期居住権は、民法1037条で定められた存続期間が満了したときのほか、①配偶者が配偶者居住権を取得したとき（民法1039条）、②配偶者が死亡したとき（民法1041条・597条3項）、③居住建物が全部滅失等したとき（民法1041条・616条の2）、④居住建物取得者の承諾なく第三者に居住建物を使用させ、それについて居住建物取得者から消滅請求を受けたとき（民法1038条3項）には消滅します。

　配偶者が配偶者居住権を取得した場合以外、配偶者は居住建物取得者に対し、居住建物を返還しなければなりません（民法1040条1項本文）。ただし、配偶者が居住建物について共有持分を有しているときは、居住建物取得者は配偶者短期居住権の消滅を理由として、居住建物の返還を求めることはできません（同項ただし書）。

4　設問の場合

　居住建物について遺贈や特定財産承継遺言がされていない場合、質問者である妻は、遺産分割によって居住建物の帰属が確定するまで、もしくは相続開始の時から6カ月を経過する日のいずれかの遅い日まで、引き続き無償で居住建物に住み続けることができます。

　また居住建物について、「長男に相続させる」旨の特定財産承継遺言がさ

れていた場合も、長男から「配偶者短期居住権を消滅させる」旨の申入れが
されてから6カ月間は、無償で居住することができます。

（浦岡由美子）

第４章

相続の対象

Q21　相続の対象とならない財産

> 　夫が死亡しましたが、不動産や預貯金、株式・証券などの金融資産の
> ほか、生命保険金や死亡退職金、ゴルフ会員権など、いろいろな財産を
> 遺しています。財産であればすべて遺産として相続の対象となるのでし
> ょうか。相続にならない財産を教えてください。墓地や遺骨はどのよう
> になるのでしょうか。

▶▶▶ Point

① 　一身専属的権利は相続の対象となりません。たとえば、財産分与請求権、
扶養請求権、生活保護受給権、各種年金受給権、著作者人格権、公営住宅
使用権などです。

② 　生命保険金や死亡退職金、遺族給付金は、ほとんどの場合、相続の対象
ではないと解されています。

③ 　ゴルフ会員権は、個々のゴルフ会員権ごとに相続財産となるかどうかを
判断する必要があります。

④ 　株式は相続の対象ですが、持分会社における社員権は相続の対象となら
ないのが原則です。

⑤ 　営業権は、事実上の利益にすぎず、相続の対象とはいえないと解されて
います。

⑥ 　系譜、祭具、墳墓などの祭祀財産や遺骨は相続の対象ではありません。

1　一身専属的権利

　民法896条は、「相続人は、相続開始の時から、被相続人の財産に属した一
切の権利義務を承継する。ただし、被相続人の一身に専属したものは、この

限りでない」と規定しています。このただし書にあたる性質の権利を一身専属権といいます。

以下のとおり、いくつかに分類することができますが、いずれも相続の対象となりません。

(1) 身分法上の権利

財産分与請求権、扶養請求権、婚姻費用分担請求権、離婚請求権、認知請求権などです。ただし、これらの請求権に基づいて金銭の給付額が確定している場合（たとえば調停が成立していたり、審判が確定していたりする場合）はすでに具体的な一個の債権として発生していますので、相続の対象となります。

(2) 社会保障上の権利

生活保護受給権や各種年金受給権などです。これらの権利についてもすでに具体的に金額が確定し、請求権として発生している場合には相続の対象となります。

(3) 信頼関係に基づく権利

代理権（民法111条1項）、使用貸借における借主の地位（同法599条）、雇用契約上の地位（同法625条）、組合員の地位（同法679条1号）をあげることができます。

(4) 著作者人格権

知的財産権は一般的に相続の対象となりますが、著作者人格権（公表権、氏名表示権、同一性保持権）は相続の対象となりません（著作権法59条）。

(5) 公営住宅使用権

相続の対象とはならないと解されています。公営住宅は、住宅に困窮する低額所得者に対して低兼な家賃で住宅を賃貸するもので、公営住宅の入居者を一定の条件を具備するものに限定し、政令の定める選考基準に従い、条例で定めるところにより、公正な方法で選考して、入居者を決定しています。このような公営住宅の制度に鑑みると、入居者が死亡した場合にはその相続

人は公営住宅を使用する権利を当然に承継する余地はないとされています
（最高裁平成2年10月18日判決・民集44巻7号1021頁）。

2 生命保険金、死亡退職金、遺族給付金

　これらの財産は、保険会社との保険契約、退職金を支給する法律や内規、
あるいは社会保障関係の特別法によって発生するものですが、被相続人の死
亡によって発生する権利でもあるので、その権利が相続財産といえるのか、
それとも相続人や遺族の固有の権利であるのかが争われてきました。

(1) 生命保険金請求権

　被相続人が保険会社との間で、自己を被保険者とする生命保険契約を締結
していたときに、被相続人の死亡による保険金請求権が相続財産に含まれる
かどうかの問題です。これについては保険金受取人がどのように指定されて
いたかを考える必要があります。相続財産に含まれないということは遺産分
割の対象とならないことになりますが、保険金が多額に上ることもあるので、
注意が必要です。

(a) 特定の相続人が指定されている場合

　この場合、保険金受取人は、保険会社と保険契約者の保険契約に基づき、
被保険者の死亡により直接に保険会社に対し保険金請求権を取得します。し
たがって、保険金請求権は、保険金受取人に指定されている特定の相続人の
固有の財産であり、相続の対象となりません（大審院昭和11年5月31日判決・
民集15巻877頁）。

(b) 「被保険者死亡の場合はその相続人」と記載されている場合

　この場合も相続の対象とはならないと解されています。最高裁判所は、特
段の事情のない限り、このような指定は、被保険者死亡の時における相続人
たるべき者個人を受取人として特に指定した「他人のための保険契約」と解
するのが相当であるとし、当該保険金請求権は、保険契約の効力発生と同時
に、相続人たるべき者の固有財産となり、被保険者の遺産より離脱している

ものと解すべきであるとしています（最高裁昭和40年２月２日判決・民集19巻１号１頁）。

(c)　「保険金受取人の指定のないときは保険金を被保険者の相続人に支払う」という条項がある場合

　この場合も保険金請求権は相続の対象とはなりません。最高裁判所は、このような条項は、被保険者が死亡した場合において被保険者の相続人に保険金を取得させることを定めたものと解すべきであって、このような約款に基づいて締結された保険契約は、保険金受取人を被保険者の相続人と指定した場合と同様、特段の事情のない限り、被保険者死亡の時におけるその相続人たるべき者のための契約であると解するのが相当であるとして、当該保険金請求権は相続の対象にはならないとしています（最高裁昭和48年６月29日判決・民集27巻６号737頁）。

(d)　被相続人を保険金受取人に指定している場合

　この場合については、相続人が保険金受取人の地位を相続すると考え、保険金請求権は相続財産に含まれるとする見解もありますが、実務上は、被相続人としては相続人を保険金受取人と指定する意思であったと考え、保険金請求権は相続財産ではなく、相続人固有の財産として取り扱うのが一般的です。

(2)　死亡退職金

　死亡退職金とは、公務員や私企業の従業員が在職中に死亡した場合に、法律あるいは退職金規程など私企業の内規等によって支給されるものをいいます。

(a)　死亡退職金の受給権者が法律や内規等で定められている場合

　この場合、法律や内規等が民法の相続に関する規定と異なる受給権者の範囲や順位を定めているときは、受取人は相続人としてではなく、固有の権利として死亡退職金を受け取るため、相続の対象になりません。たとえば、国家公務員の死亡退職金については国家公務員退職手当法２条の２などで受給

権者を「遺族」とし、その範囲や順位などを定めていますが、このような場合には遺族固有の財産ということになります。

　特殊法人である日本貿易振興会の死亡退職金（最高裁昭和55年11月27日判決・民集34巻6号815頁）、地方公務員である県学校職員の退職手当（最高裁昭和58年10月14日判決・判時1124号186頁）、私企業である私立大学を経営する学校法人の死亡退職金（最高裁昭和60年1月31日判決・家月37巻8号39頁）についても、いずれも相続財産に含まれないと判断されています。

(b)　受給権者が法律や内規等で定められていない場合

　定めがない場合であっても、慣行として死亡退職金が支払われてきたときには慣行に基づく退職金請求権が発生する余地があります。また、株主総会などの個別具体的な支給の決議により死亡退職金が支給される場合もあります。

　このような場合は、支給慣行の内容や支給の経緯などを勘案して受給権が相続財産に含まれるかどうかが判断されるものと解されます。理事会の決議によって配偶者に支給された場合について固有の権利であるとした最高裁判所の判決もありますし（最高裁昭和62年3月3日判決・家月39巻10号61頁）、一方、相続財産に帰属するとした裁判例もあります（東京地裁昭和45年2月26日判決・判タ248号260頁）。

(3)　遺族給付金

　遺族給付とは、社会保障関係の特別法によって、被相続人と一定の関係にある親族に対してなされる給付をいい、遺族年金や弔慰金、葬祭料、損失補償などがあります。遺族年金は、厚生年金保険法、国家公務員共済組合法などで、受給権者の範囲や順位が民法の定める相続人の範囲や順位と異なっていること、受給権の消滅事由または各種の支給停止事由があることなどから、もっぱら被保険者または被保険者であった者の収入に依拠していた遺族の生活保障を目的とするものといえますので、遺族固有の権利と解されています。遺族年金以外の遺族給付金についても同様のことがいえます。

このように遺族給付金請求権は相続の対象とはなりません。

3 ゴルフ会員権

ゴルフ会員権は相続の対象となるのが原則と考えてよいです。ただし、ゴルフ会員権には、預託会員制（ゴルフクラブを経営する会社に預託金を支払ってゴルフクラブ入会契約を締結する形態）、社団会員制（社団法人であるゴルフクラブの構成員となって権利を確保する形態）、株主会員制（ゴルフクラブの会員がゴルフ場を経営する株式会社の株主となる形態）の三つの形態があり、また、ゴルフクラブの会則に影響を受けるため、個々のゴルフ会員権ごとに検討することになります。

(1) 預託会員制の場合

ゴルフ会員権の大多数は預託会員制です。

預託会員制のゴルフ会員権は、会員とゴルフ場会社との間の入会契約に基づくもので、ゴルフ場施設の優先的利用権、据置期間経過後の預託金返還請求権および年会費の納入等の義務を包括する債権契約上の地位であるといわれています（最高裁昭和50年7月25日判決・判時790号55頁）。したがって、預託会員制におけるゴルフ会員権の権利として、ゴルフ場施設の優先的利用権に加え、据置期間経過後の預託金返還請求権を含みます。

そして、判例上、ゴルフ会員権は、「ゴルフクラブの会員たる資格」と「会員権者たる地位」の二つの性格を内包する権利であるととらえられています（最高裁平成9年3月25日判決・判時1599号75頁）。

まず、ゴルフクラブの会員たる資格は、一身専属的な性格を有するので、相続の対象とはならないと解されます。

次に、会員権者たる地位は、会則の規定やその有無によって判断すべきものと解されています。

(a) 会則により相続性を肯定している場合

会員権者たる地位は相続の対象となります。

　　(b)　会則により相続性を否定している場合

　相続の対象となりません（契約自由の原則の観点から帰結されます）。もっとも、ゴルフ会員権自体は相続の対象とならないとしても、それに含まれる預託金返還請求権は相続の対象となります。

　　(c)　会則に相続について定めがない場合

　最高裁判所は、会則等に会員としての地位の相続に関する定めはなかったものの、会員たる地位の譲渡に関する定めがおかれていた場合において、会員の死亡によりその相続人は会員たる地位の譲渡に準ずる手続を履践することによりこれを取得することができると判示しています（最高裁平成9年3月25日判決・判時1599号75頁）。したがって、この場合には相続の対象になります。

　もっとも、会員たる地位の譲渡に関する定めがない場合であってもゴルフ会員権の取引の実態に照らせば自由譲渡性が原則であると考えられるので、原則として相続の対象となるといえます。

　(2)　社団会員制の場合

　社団会員制のゴルフクラブにおける会員は当該社団法人の社員であり、ゴルフ会員権は社員権です。そこで、社団会員制のゴルフ会員権とは、共益権としてのゴルフクラブの運営に参加する権利と、自益権としてのゴルフクラブの優先的利用権を含む権利といえます。そして、社団法人の運営への参加はその個性が重視されますし、無限責任を負うという地位も個人の信用に基づく地位ですから、社団会員制のゴルフ会員権は原則として相続の対象とはならないと解されます。ただし、定款によって相続による承継を認めている場合には相続の対象となると理解してよいと思われます。

　(3)　株主会員制の場合

　株主会員制は、ゴルフ場経営会社と会員組織が分離され、会社の株主となることがゴルフクラブ入会の資格条件となっている形態です。そこで、株主会員制のゴルフ会員権は、当該ゴルフクラブの運営会社の株主たる地位です

から、通常の株式と同様に相続の対象となります。実際上、会員権市場においても、預託会員制よりも高額に取引されていることが少なくありません。

4 持分会社の社員権

社員権とは、社員が社員たる資格において会社に対して有する法律上の地位をいいます。社員権が相続の対象となるか否かはその団体の性質によって異なります。株式会社（特例有限会社を含む）の場合、社員権＝株主権は、その権利内容として自益権（剰余金配当請求権など）と共益権（議決権など）に分けることができますが、共益権も含め、相続の対象となります（最高裁昭和45年7月15日判決・判時597号70頁）。

これに対し、持分会社における社員権は、社員の死亡が退社事由となっているので（会社法607条1項3号）、社員権は相続の対象とはならないのが原則です。ただし、定款により相続性を認めることが可能であり（同法608条1項）、その場合には相続の対象になります。

なお、死亡による退社を原因とする持分払戻請求権は、相続の対象になります。

5 営業権

営業権というのは、「権」という名称がついていますが、「当該企業の長年にわたる伝統と社会的信用、立地条件、特殊の製造技術及び特殊の取引関係の存在並びにそれらの独占性等を総合した、他の企業を上回る企業収益を稼得することができる無形の財産的価値を有する事実関係」（最高裁昭和51年7月13日判決・判時831号29頁）といわれているものです。

相続の対象となるものは、厳密には、権利義務だけではなく、法律上の地位・契約上の地位といったものも含まれますが、上記判例のように「事実関係」（事実上の利益）は相続の対象にはならないと解されます。

したがって、営業権は相続の対象とはなりません。

6 祭祀財産と遺骨

いずれも相続の対象ではありません。

(1) 祭祀財産

民法897条1項は、「系譜、祭具及び墳墓の所有権は、前条の規定にかかわらず、慣習に従って祖先の祭祀を主宰すべき者が承継する。ただし、被相続人の指定に従って祖先の祭祀を主宰すべき者があるときは、その者が承継する」と規定し、同条2項は、「前条本文の場合において慣習が明らかでないときは、同項の権利を承継すべき者は、家庭裁判所が定める」と規定しています。

そこで、祭祀財産とは、系譜、祭具および墳墓を指し、これを承継する祭祀主宰者（祭祀承継者）は、まず、被相続人の指定によって決まり、指定がない場合は慣習により、慣習が明らかでない場合は家庭裁判所が定めることになっています（民法897条2項）。

系譜とは、家系図など先祖代々の系統（家系）を書いた文書・図書のことをいいます（審判例に過去帳も祭祀財産としたものがあります）。

祭具とは、仏像、位牌その他礼拝または祭祀に直接供するため欠くことができない物で、仏壇や神棚がこれにあたります。一般に祖先祭祀のための用具（動産）と解されます。したがって、仏間や個人的祖先を祀るものでも神社や寺は祭具にはあたりません。

墳墓とは、遺体や遺骨を葬ってある墓碑・埋棺・霊屋などの施設を指します。このような祭祀財産は祭祀承継者が承継するものであり、相続の対象とはなりません。ただし、墓地については少し問題があります。墓地は、墳墓を所有するための敷地ですので、墳墓と墓地は同一ではありませんが、墳墓の所有者が墓地を使用するのが通常ですから、両者は密接不可分で一体のものとして考え、墓地も祭祀財産というべきです。とはいえ、墓地と名が付けば無制限に祭祀財産となるわけではなく、墓石などが存在せず、祖先の祭祀

と直接の関係が認められない部分は祭祀財産とはいえません（広島高裁平成12年8月25日判決・判時1743号79頁）。したがって、この場合は相続の対象となります。

(2) 遺　骨

遺骨については民法上規定がありません。そもそも遺骨とか遺体について所有権が成立するのかという問題があります。埋葬、拝礼、供養等のための一種特別の存在であって所有権の客体とならないとする裁判例もありますが、大審院判例（大審院大正10年7月25日判決・民録27輯1408頁、大審院昭和2年5月27日判決・民集6巻307頁）は、遺骨などについても有体物として所有権の目的となるが、その性質上目的の制限を受けて、埋葬管理・祭祀供養の範囲においてのみ認められると判示しています。

そして、所有権の客体になる場合、誰が所有者となるのか、相続の対象となるのかという問題が生じますが、最高裁判所は、所有権は祭祀主宰者に帰属するものと判断しました（最高裁平成元年7月18日判決・家月41巻10号128頁）。

したがって、遺骨についても相続の対象とはなりません。

（仲隆）

Q22 遺産をどのように管理したらよいか

> 父が死亡し、母と長男の私と二男の3人が相続人です。父の自宅には二男が同居していたのですが、父の死亡後、父の骨董品を勝手に売却したり、火の不始末によって自宅を損傷させたり、隣の家に迷惑をかけても放置したりなど、杜撰な管理をしています。遺産分割調停が成立するまでかなりの日数を要する見込みです。どのようにしたらよいでしょうか。

▶ ▶ ▶ Point

① 相続人以外の中立的な第三者を相続財産管理人に選任し、この者に建物を管理してもらう方法が考えられます。

② 相続人全員の合意により相続財産管理人を選任する方法もありますが、それができない場合、遺産分割の審判または調停手続における審判前の保全処分として家庭裁判所により相続財産管理人を選任してもらうとよいです。

1 相続財産管理人制度

被相続人の死亡により、遺産は相続人全員の共有となり（民法898条1項）、この共有は物権法上の共有と異ならないというのが最高裁判所の考え方です。

そこで、民法252条1項により、相続人は、法定相続分（民法898条2項）に基づく多数決で遺産の管理をすることができます。

しかし、実際には、相続人の一人が勝手に動産などの遺産を処分したり、不動産などの遺産を適切に管理しなかったりして、遺産の価値が減少してしまうおそれもあります。また、実際に価値が減少していなくとも、遺産の管

理について不満や疑念を抱いたりすることもあり、その結果、相続人間の紛争が激しくなったり、遺産分割が長引いたりする原因になることもあります。このような場合の対策として、相続財産管理人の制度があります。

2　相続財産管理人の選任

(1)　家庭裁判所により選任する方法

(a)　家事事件手続法に基づく相続財産管理人の選任

家事事件手続法200条1項は、「家庭裁判所は、遺産の分割の審判又は調停の申立てがあった場合において、財産の管理のため必要があるときは、申立てにより又は職権で、担保を立てさせないで、遺産の分割の申立てについての審判が効力を生ずるまでの間、財産の管理者を選任し、又は事件の関係人に対し、財産の管理に関する事項を指示することができる」と定めています。

選任の要件は次のとおりです。

①　形式的要件

遺産分割の審判または調停の申立てがあること

②　実質的要件

ⓐ　本案審判が認容される蓋然性があること

遺産の存在や相続人の当事者適格など遺産分割審判がなされる要件が整っていることです。

ⓑ　「財産の管理のため必要があるとき」

遺産の管理ができず、または遺産の管理が不適切であるため、後日の審判が適正になされなくなったり、強制執行による権利の実現が困難になるおそれのあるような場合です。

(b)　民法に基づく相続財産管理人の選任

民法897条の2第1項は、「家庭裁判所は、利害関係人又は検察官の請求によって、いつでも、相続財産の管理人の選任その他の相続財産の保存に必要な処分を命ずることができる。ただし、相続人が一人である場合においてそ

の相続人が相続の単純承認をしたとき、相続人が数人ある場合において遺産の全部の分割がされたとき、又は第952条第1項の規定により相続財産の清算人が選任されているときは、この限りでない」と定めています。

この規定により、相続開始後から遺産分割の終了までの間、「相続財産の保存に必要な処分」としての相続財産管理人の選任をすることができます。なお、ほかに必要な処分としては、財産の封印、換価その他の処分禁止、占有移転禁止、財産目録の調整提出命令などがあります。

⑵　**相続人全員の合意により選任する方法**

相続人全員が合意すれば、特定の人物を相続財産管理人として選任し、遺産の管理を任せることができます。相続財産管理人に就任するために特別な資格は不要です。中立な立場にある第三者を相続財産管理人として選任することが適切ですが、相続人全員が合意すれば、共同相続人の中から選任することもできます。相続財産管理人に任せる管理の範囲についても、相続人全員の合意によって任意に定めることが可能です。

3 相続財産管理人の地位と権限

家庭裁判所により選任された相続財産管理人は、家事事件手続法200条1項により選任された場合（同条4項）、民法897条の2第1項により選任された場合（同条2項）のいずれも不在者財産管理人に関する同法27条〜29条を準用していることから、不在者財産管理人と同様、相続人の法定代理人の地位にあるものと解されます。

そこで、相続財産管理人は、民法28条・103条により、保存行為、管理行為、並びに家庭裁判所の許可を得て行う行為をする権限を有します。

⑴　**保存行為**

主なものは次のとおりです。

①　相続登記をすること

②　不法占有者に対する妨害排除請求

③ 消滅時効の中断

④ 期限の到来した債務の弁済

⑤ 相続財産に関し相続人に対して提起された訴訟に応訴すること

⑥ 上訴の提起

⑦ 預金の払戻し、口座の解約

⑧ 貸金庫の開扉

(2) **管理行為（物または権利の性質を変えない範囲内において、その利用 または改良を目的とする行為）**

主なものは次のとおりです。

① 賃貸人による賃貸借契約の解除

② 使用貸人による使用貸借契約の解除

③ 民法602条の期間を超えず、かつ借地借家法の適用のない賃貸借契約 の締結

④ 詐欺による取消しの意思表示

⑤ 建物明渡請求権の行使

(3) **権限外行為として家庭裁判所の許可を得ることが必要な行為**

物または権利の性質を変える管理行為や処分行為を行う場合、権限外行為 許可の審判が必要になります。

主なものは次のとおりです。

① 売却、交換、担保の設定

② 廃棄、取壊し

③ 期限の到来した債務の弁済または管理行為により発生した債務の弁済 以外の支払い

④ 訴えの提起、訴えの取下げ、和解、調停、認諾、放棄、上訴の取下げ

⑤ 民法602条の期間を超える賃貸借契約および借地借家法の適用のある 賃貸借契約の締結

⑥ 賃借人による賃貸借契約の解除または使用貸借契約の解除

⑦　定期預金の満期前の解約

⑧　生命保険契約等の満期前の解約

⑨　消費貸借契約の締結

4　設問の場合

遺産の管理については、共同相続人が協議して決めるのが最も望ましいことに間違いありません。しかし、それができない場合には家庭裁判所により相続財産管理人を選任してもらうしかありません。

二男が、骨董品を処分したり、また、建物の修繕を怠り、しかも他人に損害を与えるような状態を放置することは、「財産の管理のため必要があるとき」に該当しますので、まず、遺産分割調停を申し立てるとともに、家事事件手続法200条に基づいて、相続財産管理人選任の審判申立てをするとよいでしょう。

（仲隆）

Q23　勝手に遺産を処分したらどうなるか

> 　父が死亡し、母と長男の私と二男の 3 人が相続人です。父の自宅に
> は二男が同居していたのですが、父の死亡後、二男は、父の骨董品を勝
> 手に売却したり、預金を父の名前で引き出したりしています。遺産分割
> はどのようにしたらよいのでしょうか。また、父が亡くなる前に遺産を
> 処分した場合はどうなるでしょうか。

▶ ▶ ▶ Point

①　被相続人の死亡後、遺産を他の共同相続人に無断で処分した場合には、
不法行為に基づく損害賠償責任または不当利得の返還義務が生じます。し
かし、平成30年改正により、一定の条件で、処分した遺産が存在するもの
として、遺産分割をすることもできるようになりました。遺産分割におい
て、遺産を処分した者はその遺産を取得したものとみなされます。

②　被相続人の死亡前に被相続人に無断で遺産を処分した場合には、被相続
人がその相続人に対して不法行為に基づく損害賠償請求権や不当利得の返
還請求権を取得していますので、被相続人死亡後、他の共同相続人はその
損害賠償請求権を相続して、遺産を処分した相続人に対して自己の相続分
に応じた請求をすることになります。

1　相続開始後の遺産の処分

　遺産分割は、本来、遺産分割をする時を基準として、その時に存在する遺
産を分割するものです。したがって、かつては、相続開始後に遺産が第三者
に売却されて取り戻せなくなったり、損壊によりその遺産が存在しなくなっ
たり、あるいは預貯金が払い戻されて遺産として預貯金がなくなってしまっ

たときには、遺産分割の対象とすることができませんでした。ただし、共同相続人全員の同意があれば処分された遺産の代償財産（買代金請求権や保険金請求権など）を遺産分割の対象とすることができました。

　そこで、代償財産を遺産分割の対象とできない場合には、他の共同相続人に無断で遺産を処分した共同相続人に対して、不法行為に基づく損害賠償請求や不当利得の返還請求をするしかありません。

　ところが、平成30年改正によって、共同相続人全員が同意した場合はもちろんのこと、処分をした共同相続人の同意がない場合であっても他の共同相続人の同意があれば、処分された財産を「遺産」とみなして遺産分割をすることができることとしました（民法906条の2）。

　その結果、たとえば、骨董品が売却された場合にはその骨董品が遺産として存在するものとみなすことができますし、預貯金が払い戻された場合でもその預貯金が遺産として存在するものとみなして、遺産分割をすることができるようになりました。

　そして、遺産分割において、処分された遺産は、その処分をした共同相続人が取得したものとして計算されることになります。

　これにより、不法行為に基づく損害賠償請求や不当利得の返還請求をしなくとも、共同相続人間の公平が図られる可能性ができたわけです。

　ただし、上述のとおり、共同相続人の一人が遺産を処分した場合に、他の共同相続人全員が遺産とみなすことを同意しなければなりませんので、他の共同相続人のうち誰かが反対すると、この新たな制度は利用できなくなります。

　また、そもそも遺産を処分したといっても、処分したとされる相続人が争う場合（否定する場合）にはこの制度を利用することはできません。そのときには損害賠償請求訴訟や不当利得返還請求訴訟として、民事訴訟で争うしかありません。

(1)　具体例――骨董品が存在する場合

相続人はAとBで法定相続分は2分の1ずつです。

遺産は、預金700万円と骨董品（時価）500万円です。

Bは被相続人から1000万円の生前贈与（特別受益）を受けていました。

Bは骨董品を勝手に売却してしまいました。売却代金はわかりません。

【遺産分割における取得分の計算】

遺産分割の対象財産……1200万円（民法906条の2の利用）

Aの具体的相続分＝（遺産1200万円＋特別受益1000万円）×2分の1＝1100万円

Bの具体的相続分＝（1200万円＋1000万円）×2分の1－1000万円＝100万円

最終的な取得分（結論）

Bは骨董品を取得したものとみなして、

A＝預金700万円＋Bからの代償金400万円＝1100万円

B＝骨董品500万円－Aへの代償金400万円＋特別受益1000万円＝1100万円

となります。結果として公平です。

(2)　具体例――預貯金を分割する場合

相続人はAとBで法定相続分は2分の1ずつです。

遺産は、預金1500万円だけです。

Bは被相続人から500万円の生前贈与（特別受益）を受けていました。

Bは預金から勝手に500万円を引き出してしまいました。

【遺産分割における取得分の計算】

遺産分割の対象財産……1500万円（民法906条の2の利用）

Aの具体的相続分＝（遺産1500万円＋特別受益500万円）×2分の1＝1000万円

Bの具体的相続分＝（1500万円＋500万円）×2分の1－500万円＝500万円

最終的な取得分（結論）は、Bは引き出した500万円の預金を取得したも

のとみなして、

　　A＝預金1000万円

　　B＝引き出した預金500万円＋特別受益500万円＝1000万円

となり、Aは残っている預金を全部取得することができ、公平な結果となります。

2　相続開始前の遺産の処分

　相続開始前に遺産となるべき財産が処分された場合には、その財産は当然のことながら遺産ではありません。しかし、被相続人の同意がない限り、被相続人自身が遺産を処分した相続人に対して、不法行為に基づく損害賠償請求権または不当利得の返還請求権を取得していることになります。これらの請求権は債権として相続の対象ですので、各共同相続人は自己の相続分に応じて債権を取得することになります。

　したがって、生前に遺産を処分した共同相続人に対し、他の共同相続人は自己の相続分に応じた損害賠償請求権や不当利得の返還請求権を取得し、これを請求することができます。

3　設問の場合

　長男としては、二男が、父死亡後に、骨董品を処分したり、預金の払戻しをしたりしたことを認めているのであれば、遺産分割調停や審判手続において、骨董品や預金が遺産として存在するものと扱ってもらい、これらを二男が取得したものとして遺産分割をすることができます。しかし、二男が認めない場合には、遺産分割手続ではなく、民事訴訟において、二男に対して損害賠償などを請求するしかありません。もちろん訴訟ですので証拠が必要です。

　父が死亡する前に遺産を処分していた場合には、長男は、被相続人自身の二男に対する不法行為に基づく損害賠償請求権や不当利得の返還請求権を相

続していますので、それに基づき自己の法定相続分に応じて二男に請求することになります。

（仲隆）

Q24 預金の取引履歴の開示と貸金庫の開扉

父が死亡し、相続人は長男と二男の私の2人です。父は銀行に預金口座と貸金庫をもっていましたが、長男には父の生前、無断で預金の払戻しを受けた疑いがあります。また、貸金庫に何か重要な財産があるかもしれません。ところが、長男は預金通帳を見せてくれませんし、貸金庫の開扉についても協力しません。私は、単独で、銀行に取引履歴の開示を求めたり、貸金庫の開扉を求めることができるのでしょうか。

▶ ▶ ▶ Point

① 預金口座の取引履歴については、各共同相続人は他の共同相続人の同意なくして、銀行に対し開示を求めることができます。また、弁護士法23条の2に基づく照会請求制度を利用して取引履歴の開示を受けることも可能です。

② 貸金庫については、銀行実務上は、共同相続人全員の立会いか、全員の同意がなければ開扉に応じないのが一般的です。ただし、遺産分割調停または審判の申立てをしている場合には相続財産管理人を選任してもらって遺産管理人から貸金庫の開扉を求めることが可能です。なお、公証人立会いの下で貸金庫の開扉を求め、公証人に貸金庫の内容物の明細を記載した公正証書（事実実験公正証書）を作成してもらう方法もあります。

1 預金口座の取引履歴の開示

銀行は、預金通帳とは別に、預金口座の入出金記録を保有しており、これを取引履歴書や取引明細書などといいます。

この取引履歴書を取得することによって、預金通帳がなくとも、入出金の

状況を把握することができます。

　しかし、銀行に対し取引履歴書の開示を求めるためには共同相続人全員の合意が必要かどうかの問題があります。

　最高裁判所は、預金者（被相続人）の共同相続人の一人は、共同相続人全員に帰属する預金契約上の地位に基づき、被相続人名義の預金口座についてその取引経過の開示を求める権利を単独で行使することができる（民法264条・252条ただし書）と判示しています（最高裁平成21年1月22日判決・民集63巻1号228頁）。

　つまり、共同相続人は、預金債権を共同相続しますが、それとは別に、被相続人の有していた預金契約上の地位を承継し、契約上の地位を準共有する状態になると考えて、その地位に基づいて保存行為として共同相続人の一人による単独行使を認めたということになります。

　したがって、各共同相続人は、他の共同相続人の同意なくして、銀行に対し取引履歴の開示請求をすることができます。

② 貸金庫の開扉

⑴ 貸金庫契約の法的性質と相続

　貸金庫契約は、金融機関が「貸金庫室内に備え付けられた貸金庫ないし貸金庫内の空間を利用者に貸与し、有価証券、貴金属等の物品を格納するために利用させるもの」と解されています（最高裁平成11年11月29日判決・判時1694号3頁）。

　そこで、貸金庫契約を賃貸借契約であると考えると、貸金庫契約の利用者が死亡した場合、貸金庫契約に基づく貸金庫あるいは貸金庫内の空間に対する賃借権が相続人に承継されることになります。

　その結果、共同相続の場合には、賃借権は共同相続人に不可分のものとして帰属し、賃借権は共同相続人の準共有（民法264条）になると考えられます。

(2)　貸金庫を開扉する権限

　貸金庫の賃借権が共同相続人の準共有であるとすれば、各共同相続人が単独で貸金庫の開扉を求める権限があるかどうかは、貸金庫の開扉を処分行為（民法251条1項）、管理行為（同法252条1項）、保存行為（同条5項）のいずれにあたるかによります。

　そこで、まず、貸金庫の内容物を確認するという点だけをとらえると、この行為自体は貸金庫の賃借権の内容等に変更を加える行為ではありませんし、遺産分割をするための共同相続人全員にとって有益であると考えることができますので、保存行為として、各共同相続人は単独で貸金庫の開扉を求めることができることになります。

　ところが、実際上、貸金庫の開扉は、単に内容物の確認にとどまらず、貸金庫の内容物を貸金庫内から外部に持ち出すという行為を伴う可能性がありますから、その点を考えると、貸金庫を開扉する行為は処分行為の性質に近いものといえます。そうすると、共同相続人全員の同意がなければ、金融機関に対して貸金庫の開扉を求めることはできないということになります。

(3)　銀行実務

　金融機関からみれば、貸金庫利用者の相続人が貸金庫を開扉する場合、単に内容物を確認するだけなのか、内容物を持ち出す可能性があるのかを判断することは困難です。そうしますと、金融機関が共同相続人の一人に対して貸金庫を開扉すれば、後日、貸金庫の内容物が持ち出されたなどと、他の共同相続人からクレームを付けられる可能性があります。

　このような観点から、銀行実務では、共同相続人全員が貸金庫の開扉に立ち会うか、開扉を求める共同相続人の一人に対する他の共同相続人全員の承諾書を求めるのが一般的です。

　したがって、各共同相続人が銀行に対し単独で貸金庫の開扉を求めるのは困難ということになります。

⑷　相続財産管理人の選任

　もっとも、遺産分割調停や審判の申立てがなされている場合には、家事事件手続法200条1項に基づき、家庭裁判所から相続財産管理人を選任してもらい、相続財産管理人が保存行為として銀行に対して貸金庫の開扉を求めることができます（民法28条、同法103条）。詳しくは、Q21をご参照ください。

⑸　事実実験公正証書

　また、公証人は、五感の作用により直接体験（事実実験）した事実に基づいて公正証書を作成することができます（公証人法35条）。これを事実実験公正証書といいます。この事実実験の結果を記載した事実実験公正証書は、権利に関する多種多様な事実を対象として、その証拠を保全する機能を有しています。

　そこで、他の共同相続人の立会いの協力や開扉の承諾が得られない場合、公証人に対して事実実験公正証書の作成を委嘱し、公証人の立会いの下で貸金庫の開扉を求めることが考えられます。この事実実験公正証書には、貸金庫の内容物の明細が記載され、被相続人の遺産を確認することが可能となります。ただし、銀行においてこの手続を承諾する必要がありますので、公証人や銀行と協議して進めなければなりません。

（仲隆）

Q25　遺産分割前に預貯金の払戻しをすることができるか

父Aが亡くなり、相続人は私Bと弟C、妹D 3 人です。父の遺言は
ありません。遺産分割協議は成立していませんが、父の葬儀費用や生前
の医療費の支払いなどにあてるため、父の名義の預金の払戻しを請求す
ることはできないでしょうか。

▶ ▶ ▶ Point

① 預貯金債権が共同相続されたときは、相続開始と同時に相続分に応じて
分割されることなく、遺産分割の対象となります。したがって、共同相続
人の 1 人は、遺産分割協議が成立する前は、単独で被相続人名義の預貯金
の払戻しを請求することができないのが原則です。

② ただし、これまで運用されてきた家事事件手続法による預貯金の仮分割
仮処分の制度の要件が緩和され、一定の要件の下に事情に応じた払戻しが
できるようになりました。

③ さらに、平成30年改正により、一定の金額を限度として、各相続人は、
他の相続人の同意がなくても単独で被相続人名義の預貯金の払戻しを請求
することができるようになりました。

1　複数の相続人が共同で遺産を相続した場合の原則

相続人は、相続開始（被相続人の死亡）の時点から、被相続人の財産に属
したいっさいの権利義務を承継するとされています（民法896条本文）。

そして、被相続人が生前に遺言書を作成していなかった場合には、相続が
開始されると、複数の相続人（共同相続人）は、各自の法定相続分に応じて
相続財産を「共有」するものとされています（民法898条 1 項）。

　ただし、この「共有」というのはあくまで暫定的なものであり、その後の共同相続人間での話合い（遺産分割協議）などによって、最終的な遺産の帰属を決定することが想定されています。

　具体的には、被相続人の遺産として土地や建物（不動産）があった場合には、相続開始後はこの不動産はいったん共同相続人全員の「共有」となります。その後、共同相続人間で遺産分割協議を行い、最終的にこの不動産を誰が取得することになるのかが決定されるというイメージです。

② 預貯金の場合

　ただし、遺産の中でも、貸金債権や不動産の賃料債権などは、この遺産の「共有」に親しまないとされています。すなわち、これらの金銭債権は、相続が開始された後も、共同相続人の「共有」とはならずに、遺産分割の手続を待つまでもなく、法律上当然に法定相続分に従って分割され、各共同相続人に帰属するものとされています（最高裁昭和29年4月8日判決・民集8巻4号819頁）。

　設問の例で、たとえば、父Aが第三者Gに対して300万円の貸金債権を有していた場合、相続開始後は、この貸金債権は、相続人であるB・C・Dがそれぞれ法定相続分（3分の1）である100万円の貸金債権として取得することになります。

　それでは、こうした金銭債権に類似する預貯金債権についてはどのように考えるべきでしょうか。

　この点、かつては、預貯金債権についても、金銭債権と同様に、相続開始と同時に法律上当然に法定相続分に分割されて各共同相続人に帰属すると考えられていました。

　しかし、近年、最高裁判所の判例が変更となり、「預貯金債権が共同相続されたときは、相続開始と同時に相続分に応じて分割されることなく、遺産共有の対象となり、遺産共有に服する他の財産とともに、遺産分割を経て各

123

相続人に承継される」（最高裁平成28年12月19日決定・民集70巻 8 号2121頁）と
されることになりました。

　これは、預貯金債権は、実体的には現金と同じく、確実かつ簡易に換価で
き、評価についての不確定要素も少なく、具体的な遺産分割を行うにあたっ
て、調整の役割を果たす点に注目したものといえます。

　すなわち、たとえば、上記の例で父Aの遺産が不動産（時価3500万円）と
預貯金（約7000万円）であったような場合、 3 人の相続人のうちBが不動産
を取得する代わりに、残りの弟Cと妹Dが預貯金をそれぞれ3500万円ずつ取
得するなどして、公平な遺産分割が実現されるように調整を図りやすいとい
うことです。

　もし仮に、預貯金が相続開始と同時に法定相続分に従って当然に分割され
てしまえば、事後的に遺産分割協議の中でこのような調整を行うことが難し
くなってしまうというわけです。

　したがって、預貯金債権は、相続開始後、遺産分割協議が成立するまでの
間は、共同相続人の共有（正確には準共有）となり、共同相続人の一人は、
金融機関に対して、自己の法定相続分に相当する預貯金額の払戻しを請求す
ることができないのが原則です。

3　家事事件手続法による預貯金の仮分割仮処分の制度

　しかし、相続開始後は、被相続人の葬儀費用や、立替医療費の精算など、
遺産分割協議が成立する前に被相続人名義の預貯金を払い戻してもらう必要
がある場合も、実際には少なくありません。

　そこで、各共同相続人の申立てにより、家庭裁判所は、以下の要件の下で、
遺産に属する特定の預貯金の全部または一部を仮に取得させることができる
ことになっています（家事事件手続法200条 3 項）。

　すなわち、

①　家庭裁判所の遺産の分割の審判または調停の申立てがあったこと

② 　相続財産に属する債務の弁済、相続人の生活費の支出その他の事情により、遺産に属する預貯金を相続人が行使する必要があると認められること

③ 　相続人の申立てがあること

④ 　他の共同相続人の利益を害しないこと

が必要とされています。

　これは、これまで運用されていた家事事件手続法に基づく仮分割仮処分の制度の要件が緩和されたものです。

　この手続によれば、必要性が認められれば、後記4の家庭裁判所での判断を経ない預貯金の一部払戻制度で認められる上限を超えた預貯金の払戻しも認められることになります。

　ただし、払戻しを受けたお金の使徒については、申立ての理由とされたものに限定されます。

4 　家庭裁判所の判断を経ない預貯金の一部払戻制度

　さらに、平成30年改正により、各共同相続人は、遺産に属する預貯金債権のうち、その「相続開始の時の」債権額の3分の1に当該相続人の法定相続分を乗じた額については、他の共同相続人の同意がなくても（つまり、遺産分割協議が成立していなくても）単独で払戻しをすることができることになりました（民法909条の2）。

　たとえば、設問の例で、被相続人AがE銀行F支店に360万円の普通預金と6300万円の定期預金をもっていた場合を考えてみます。3人の相続人のうちのBは、普通預金については360万円×3分の1×3分の1（法定相続分）＝40万円を、定期預金については、6300万円×3分の1×3分の1（法定相続分）＝700万円の払戻しを受けることができることになりそうです。

　しかし、相続人単独での払戻しは、金融機関ごとの金額の上限が設けられています。すなわち、預貯金債権の債務者である金融機関ごとに150万円

（法務省令で定める額）が上限とされています。そして、同一の金融機関に複数の口座がある場合には、合算して150万円が限度となります。

　ですから、設問の例でいえば、Bの上記計算による定期預金と普通預金の払戻しを請求する額を合算した額は40万円＋700万円で740万円ですので上限の150万円を超えてしまっています。この場合には、Bは、150万円を限度に払戻しを請求できるということになります。

　このように上限額が設けられている趣旨は、無制限に払戻しを認めてしまうと、前記で述べたその後の遺産分割協議の際に公平な分割を行うための調整という預貯金の機能が害されてしまうためと考えられています。

　この家庭裁判所の判断を経ない預貯金の一部払戻制度によって払戻しを受けた金銭については、前記3の家事事件手続法による預貯金の仮分割仮処分の制度とは異なり、使途については制限されていません。

　なお、払い戻した金額は、その者が遺産の一部の分割により取得したものと見做されます（民法909条の2後段）。

5　設問の場合

　すでに説明したように、父の葬儀費用や生前の医療費の支払いのために、まず、金融機関に一部の預貯金の払戻しを求めることができますし、それで不足であれば、遺産分割調停・審判の申立てを行って家庭裁判所から払戻しを認めてもらう決定を出してもらうことも可能です。

（吉田悌一郎）

第5章

遺産分割協議

Q26 遺産分割協議書作成上の注意点

遺産分割協議書には、どのようなことを記載するのでしょうか。遺産分割協議書を作成するにあたって、注意するべき点を教えてください。

▶▶▶ Point

① 遺産分割協議書を作成するためには、相続人全員が署名・押印する必要があります。

② 遺産分割協議書には、誰がどの遺産を取得するのかを明記する必要があります。被相続人と遺産を特定するに足りる事項も明記してください。

③ 遺産分割協議書には、相続人が実印を押し、印鑑証明書も添付しておいたほうがよいでしょう。なお、銀行等の金融機関が求めている専用の用紙にも署名押印（実印）をもらっておくことをおすすめします。

1 遺産分割協議書

(1) 遺産分割協議の当事者

遺産分割協議は、共同相続人全員で行う必要があります。相続人の一部の者を除外したり、相続人でない者が加わってなされた遺産分割協議は、原則として、無効となります。

なお、相続人と同一の権利義務を有する包括受遺者がいるときは、これらの者も含めて、遺産分割協議を行う必要があります。胎児がいるときには、実務上は胎児の出生後に遺産分割協議を行います。

(2) 遺産分割協議の方法

相続人間で遺産分割協議が成立した場合、協議の内容を証明し、協議の蒸し返しを防ぐためにも、遺産分割協議書を作成しておいたほうがよいでしょ

う。

　その際、相続人全員が一堂に会して、遺産分割協議書を作成、署名押印しても、誰かがあらかじめ案をつくり、持ち回りで他の相続人がそれに署名押印しても構いません。

(3) 遺産分割協議書の利用方法

　遺産の中に不動産がある場合には、相続人全員が署名・押印した遺産分割協議書で相続による登記を申請することが可能になります。また、被相続人名義の預金の名義変更や相続税の申告の関係などにも、遺産分割協議書が必要となります。

2 遺産分割協議書作成上の注意点

(1) 記載方法（形式面）

(a) 表　題

「遺産分割協議書」という表題を付けたほうが明確です。

(b) 被相続人

　被相続人を明記する必要がありますが、その際には、氏名だけでなく、本籍地・死亡年月日等で特定しておいたほうがよいでしょう。

(c) 相続人の署名押印

　相続人の住所は、住民票や印鑑証明書に記載されているとおりに記載してください。

　捺印は、実印で行い、遺産分割協議書に印鑑証明書を添付しておいたほうがよいでしょう。そうしておけば、合意が本人の意思に基づくものであることの証明になりますし、相続登記の申請の際にも利用できます。

(d) 作成枚数

　1通でも構いませんが、各相続人が1通ずつ所持できるよう、相続人の人数と同じ通数を作成しておくとよいでしょう。

　(e)　契　印

　遺産分割協議書が１枚で足りずに複数になった場合、袋綴じにするのであれば、全相続人が袋綴じをした部分に１カ所契印すればよいですが、袋綴じにしないのであれば、各用紙の間に全相続人の契印をしてください。

　(f)　作成年月日

　作成年月日も忘れずに記載してください。

⑵　記載内容

　(a)　記載事項

　遺産分割協議書には、誰がどの遺産を取得するのかを明記します。取得すべき遺産については、それを特定するに足る事項をできるだけ詳細に記載してください。

　(b)　遺産の特定

　不動産を特定するには、不動産登記事項証明書を取り寄せて、そのとおりに記載してください。預貯金については、銀行名・支店名・種別・口座番号・口座名義等で特定します。車については、車検証記載の事項で特定するとよいでしょう。

　なお、現在判明していない遺産が、後日発見された場合、誰にどう分配するかについても記載しておいたほうが、よりよいでしょう。

⑶　銀行専用の用紙への記載

　銀行、証券会社等によっては、自社専用の決められた様式の用紙に相続人全員による押印を要求し、遺産分割協議書では預金名義を特定の相続人名義に変更することを認めないところがあります。したがって、遺産分割協議書を作成する際には、あらかじめ銀行等に確認し、必要があれば、同時に専用の書類への押印を済ませられるようにしておいたほうがよいでしょう。

（宮田百枝）

Q27 相続財産の評価の時期

　父Ａが亡くなり、相続人は私Ｂ、弟Ｃ、妹Ｄの３人です。父の遺産は、父死亡時（相続開始時）の時価3600万円の不動産と、7200万円の預貯金です。遺産分割調停手続において、不動産については私Ｂが取得を希望し、弟Ｃと妹Ｄは預貯金の取得を希望していましたが、調停が成立せず、審判が出されることになりました。ところが、相続開始から２年が経過した現在、不動産の時価は3000万円となっています。審判によって私Ｂが不動産を取得した場合、不動産の評価額はどのようになるのでしょうか。また、相続税の税額の計算においてはどのように評価するのでしょうか。

▶ ▶ ▶ Point

①　遺産分割における相続財産の評価時期については、相続開始時（被相続人が死亡した時点）説と遺産分割時説とがありますが、実務上は、遺産分割時が相続財産の評価の基準時とされています。

②　一方、相続税の税額を計算する場合には、相続財産を金銭的に評価して算出しますが、その際の基準時は、相続開始時である被相続人の死亡時とされています。

1　遺産分割にあたっての相続財産の評価時期

　遺産分割は、通常被相続人の死亡時（相続開始時）から相当期間を経過してから行われることも少なくありません。その場合、たとえば不動産などは、相続開始時と遺産分割時で価格が変動することもあります。そうすると、相続財産の評価をいつの時点で行うかによって、共同相続人の間で不公平な結

果となる場合があります。

　たとえば、設問の例でいえば、3人の相続人のうち、不動産を私Bが、預貯金を弟Cと妹Dで2分の1ずつ分割するという遺産分割がなされる場合、相続開始時の不動産の時価を基準とすれば、計算上3人ともそれぞれ3600万円ずつの価値を相続することにはなります。しかし、実際上は、私Bの不動産は遺産分割時に3000万円に値下りしてしまっているので、私Bは実質的には3000万円の価値しか相続できないという結論になってしまいます。

　この相続財産の評価の時期については、相続開始時説と遺産分割時説があります。

　しかし、実務上は、「遺産の分割は、共同相続人が相続に因りその共有に帰した相続財産を、その後分割の時点において、相続分に応じこれを分割するのを建前としているのであるから、相続財産の評価は相続開始時ではなく、分割当時のそれによるべきものと解するのが相当である」（福岡高裁昭和40年5月6日決定・家月117巻10号109頁）として、遺産分割時説によるものとされています。

　これは、設問の例でみたように、遺産分割がなされたときにおける各共同相続人が取得する財産の価値的公平を図ろうとしているのがその理由とされています。

2　相続税の計算における相続税の評価時期

　相続税の税額を計算する際には、相続財産の全体を金銭的に評価して算出することになりますが、その際に相続財産を評価する基準時は、相続開始時（被相続人の死亡時）とされています。

　相続税は、あくまで相続開始時の相続財産の額に対して算出されるものだからです。

　ただし、市街化地域の宅地の評価については、時価（実勢価格）ではなく、路線価方式によることとされています。路線価とは、路線（道路）に面して

いる標準的な宅地の１平方メートルあたりの価額のことです。路線価は、国税局が作成している路線価図に定められており、相続、遺贈または贈与により取得した財産にかかる相続税および贈与税の財産を評価する場合に適用されます。

路線価は、一般に時価（実勢価格）の８割程度とされています。

また、路線価図が定められていない区域においては、固定資産税評価額に一定の倍率を乗じて相続税評価額を定める倍率方式が採用されています。

さらに、一定の居住用の宅地などについては、いわゆる小規模宅地の特例といって、相続税の計算にあたって、不動産の評価を減額するという特例も定められています（Q62参照）。

3　設問の場合

設問の場合では、不動産の評価は相続開始時ではなく、家庭裁判所の審判が出された時点（遺産分割時）の時価によることとなり、3000万円ということになります。

そこで、私Ｂが不動産を取得する場合、弟Ｃと妹Ｄは、それぞれ3600万円ずつの預貯金を取得します。そして、弟Ｃと妹Ｄが、それぞれ私Ｂに対して各200万円ずつの代償金を支払えば、３人はそれぞれ各3400万円の価値を相続したこととなり、公平な結論となります。

また、相続税の計算にあたっては、上記のとおり遺産の評価は相続開始時とされます。したがって、相続税額計算上の遺産総額は、不動産3600万円（相続開始時の時価）と預貯金7200万円の合計１億800万円となります。

そこから、基礎控除〔3000万円＋（法定相続人の数×600万円）〕を引いた残りが相続税の課税遺産総額となります。本件では、上記の１億800万円－〔3000万円＋（３人×600万円）〕＝6000万円が課税遺産総額となります。

また、上記のように、亡Ａさんの遺産の中の不動産が、小規模宅地の特例の要件を満たす場合には、相続税額計算のうえで当該不動産の評価減ができ

るという制度を利用することができます。

（吉田悌一郎）

Q28　遺産の一部についての遺産分割協議

> 　父は、遺産として、不動産と預貯金を残しました。預貯金については取得割合を決めましたが、不動産の分割について相続人間で揉めています。とりあえず相続税を支払うために預貯金だけ先に分割することはできるでしょうか。
>
> 　仮に、相続税の申告期限までに遺産分割協議書を作成できない場合にはどうすべきでしょうか。

▶ ▶ ▶ Point

① 　共同相続人は、被相続人が遺言で禁止した場合を除き、いつでもその協議で遺産の一部の分割を請求することができます。

② 　協議が調わないとき、または協議をすることができないときは、一部の分割を家庭裁判所に請求することができます。一部の分割をすることにより他の共同相続人の利益を害するおそれがある場合には、審判については申立てが却下され、調停については、調停不成立となる場合があります。

③ 　遺産分割協議書が作成できない場合であっても、申告期限までに相続税の申告をしなければなりません。その場合には、各相続人が法定相続分に従って未分割遺産を共有取得したものとして各自の相続税の課税価格を出し、そこから、相続税の計算手順を踏んで、各自の相続税額を算出すべきものとされています。その後、遺産分割協議が成立した場合は、修正申告または更正の請求をすることになります。

1　一部分割

遺産分割は、遺産に属する物または権利の種類および性質、各相続人の年

齢、職業、心身の状態および生活の状況その他いっさいの事情を考慮して行うとされています（民法906条）ので、本来、遺産全体について分割をすることが相当であると考えられます。遺産の一部だけの分割では特別受益や寄与分について十分な配慮ができないこともあり得ます。

　しかし、現実の遺産分割にあっては、遺産の種類や性質、あるいは相続人の状況や感情等によって全遺産を同時に分割することができないケースもあります。

　平成30年改正前の相続法では、一部分割が許されているかは必ずしも明確ではありませんでした。とはいえ、遺産分割の協議は、相続人による任意の合意の下に行われたものであれば法定相続分と異なった分割でも有効ですから、相続人全員が一部分割であることを認識しており、意思表示の瑕疵がない限り有効と考えるべきとされていました。

　そして、平成30年改正では、共同相続人は、被相続人が遺言で禁止した場合を除き、いつでもその協議で遺産の一部の分割をすることができるとされました。協議が調わないとき、または協議をすることができないときは、一部の分割を家庭裁判所に請求することができます。一部の分割をすることにより他の共同相続人の利益を害するおそれがある場合には、審判については申立てが却下され、調停については、家事事件手続法272条１項の合意に相当性がないものとして、調停不成立となる場合があります。「他の共同相続人の利益を害するおそれ」というのは、共同相続人中に多額の特別受益や寄与分が認められるような場合に一部分割をした結果、残部の遺産分割の際に共同相続人の権利の確保が困難になるような場合を意味すると解されます。

② 遺産分割未了の場合の相続税申告

　相続税の納付義務者は、相続開始を知った日の翌日から10カ月以内に相続税の申告書を提出しなければならないとされています。

　しかし、相続税の申告期限までに遺産分割の話合いがまとまらないことも

あります。

　相続税の申告にあたっては、各相続人が法定相続分に従って未分割遺産を共有取得したものとして各自の相続税の課税価格を出し、そこから相続税の計算手順を踏んで、各自の相続税額を算出すべきものとしています。

　したがって、遺産分割未了の場合にも、上記の計算に従って相続税額が出てきた人は、相続税の申告書を提出する必要があります。

　そして、その後、遺産分割協議が成立した場合は、現実に取得した相続税の課税価格に従って計算し直すことになり、上記申告額に不足を生じたときは修正申告をし、それが過大であったときは更正の請求をすることができるものとされています。

③　配偶者の税額軽減や小規模宅地等についての相続税の課税価格の計算の特例を受けようとする場合

　①配偶者の税額軽減、②小規模宅地等についての相続税の課税価格の計算の特例は、ともに相続税額を大幅に軽減する措置ですが、①の配偶者の税額軽減が受けられる財産は、原則として相続税の申告期限までに分割されていないものは含まれないことになっており、②の特例を受けるためには、相続税の申告期限までに特例対象宅地等が分割されていることが必要とされています。

　そうすると、申告期限までに遺産分割ができていなかった場合は、上記の特例は受けることができなくなってしまうのでしょうか。

　この点、遺産分割未了の場合も、申告期限までに、各自の相続税額を申告・納付しなければなりません。しかし、その後、申告期限から3年以内に遺産分割がなされた場合には、この遺産分割によって取得した財産を含めて税額軽減額の計算をした結果、納める相続税額が減少する場合には、遺産分割が行われた日の翌日から4カ月以内に税務署長あてに更正の請求書を提出することで、これらの特例を受けることができるとされています。

　さらに、遺産分割調停が継続しているなどのやむを得ない事情がある場合には、上記3年間の期限が経過する前に所轄税務署長の承認を受けることによって、調停成立などの翌日から4カ月以内であれば、同様に上記の特例の適用を受けることができます。

（宮田百枝）

Q29 共同相続人に認知症の者や未成年者がいる場合の分割協議

(1)　父が亡くなりましたので、母と私と妹で遺産分割協議をしたいと思いますが、母は2年位前から認知症が進行し、現在、私が誰であるかもわからない状態です。遺産分割協議を行うことは可能でしょうか。

(2)　夫が亡くなりましたので、私と2歳の子どもで遺産分割協議をしたいと思いますが、私が子どもの親権者として遺産分割協議を行うことは可能でしょうか。

▶ ▶ ▶ Point

① 　家庭裁判所に後見開始の審判申立てを行って、お母さまの成年後見人を選任してもらい、成年後見人と質問者と妹さんで遺産分割協議を行う必要があります。

② 　家庭裁判所に特別代理人選任の申立てを行い、質問者と特別代理人で遺産分割協議を行う必要があります。

1 共同相続人中に判断能力を欠く者が存在する場合

(1)　行為能力の必要性

遺産分割は、共同相続人が相続した財産の移転または処分を伴う法律行為であるため、有効な遺産分割を行うためには、遺産分割の当事者全員すなわち相続人全員が有効に法律行為を行うことができる意思能力と行為能力を有していることが必要となります。

法律行為の当事者が意思表示をした時に意思能力を有していなかったときは、その法律行為は無効とされています（民法3条の2）。

(2)　成年後見人の選任の審判申立て

　認知症等によって「精神上の障害により事理を弁識する能力を欠く常況に
ある者」（民法 7 条）に該当する場合には、家庭裁判所は、後見開始の審判
をすることができるとされています。「精神上の障害により事理を弁識する
能力を欠く常況にある者」とは、身体上の障害を除くすべての精神障害によ
り、法律行為の結果が自己によって有利か不利かを判断することができない
程度の判断能力にある者をいいます。設問の場合には、「精神上の障害によ
り事理を弁識する能力を欠く常況にある者」に該当すると考えられるので、
遺産分割協議をする前に、家庭裁判所に後見開始の審判申立てを行い、家庭
裁判所で成年後見人を選任してもらう必要があります（民 7 条・ 8 条・843条）。
そして、成年後見人と質問者と妹さんで遺産分割協議を行うことになります。

(3)　保佐人・補助人の選任の審判申立て

　設問とは少し異なりますが、お母さまの認知症がそこまで重くない場合で
あっても、「精神上の障害により事理を弁識する能力が著しく不十分である
者」（民法11条）または「精神上の障害により事理を弁識する能力が不十分
である者」（同法15条）に該当する場合もあります。ここでいう「精神上の
障害により事理を弁識する能力が著しく不十分である」とは、重要な法律行
為について、自分一人ではこれを適切に行うには不安があり、常に他人の援
助を受ける必要がある程度の判断能力、「精神上の障害により事理を弁識す
る能力が不十分である者」とは、重要な財産行為について、自分一人でこれ
を行うことは不可能ではないが、適切に行えないおそれがあるため、他人の
援助を受けたほうが安心であるといった程度の判断能力と一般には解されて
います。このような場合に、お母さまを遺産分割協議に参加させても、後で
お母さまには意思能力がなかったので、無効であると後々争いになる可能性
があります。

　したがって、このような場合にも、家庭裁判所で保佐開始または補助開始
の審判申立てを行い、保佐人または補助人の同意（保佐人の場合は民法13条 1

項6号。補助人の場合は、遺産分割協議が同意権の対象とされている場合は民法17条）を得たうえで、遺産分割協議を行っておくことをおすすめします。家庭裁判所が、保佐人や補助人に遺産分割協議についての代理権を付与した場合には、保佐人または補助人が被保佐人や被補助人を代理して、遺産分割協議を行うこともあり得ます。

② 共同相続人中に未成年者がいる場合

18歳（令和4年3月31日までは20歳）未満の者は未成年者とされます（民法4条）。

未成年者が法律行為をするには、その法定代理人の同意を得なければなりません（民法5条1項）。遺産分割協議も未成年者保護の見地から法定代理人の同意を要する行為とされています。

一般的に、未成年者の法定代理人には、親権者である両親がなります。親権は、父と母が共同して行使しますが、父母の一方がすでにいない場合には、他方の親のみが親権者になります。

しかし、通常の取引行為においては、母が子を代理して行うことでよいとしても、遺産分割の場合には、母と子は互いに父の遺産を分け合う立場にあります。一方にとっては利益となりますが、それが他方にとっては不利益となる行為を、利益相反行為といいますが、利益が相反するか否かは、行為を行う者の内心ではなく、行為を外形的客観的にみて判断します。したがって、設問のケースでは、母が子を代理して遺産分割協議を行うことは、利益相反行為に該当するとされます。

このような場合には、親権を行う者が、親権者とは別の代理人を家庭裁判所に選任してもらう、特別代理人選任の審判申立てを行われければなりません（民法826条）。そして、特別代理人が未成年者に代わって遺産分割協議を行います。なお、共同相続人ではない親族（叔父・叔母等）がいるケースでは、当該親族を特別代理人の候補者としてあげて申立てをしておくと、その

者が選任されることが多いでしょう。

（宮田百枝）

Q30　遺言がある場合の遺産分割協議の要否、遺言と異なる遺産分割協議の可否

　父の遺言には、「遺産の2分の1は長男がとり、残る2分の1は、2人の姉妹で仲よく半分ずつ分け合ってほしい」と書かれていました。このような場合、遺産分割協議は必要でしょうか。

　遺言とは異なり、長男、長女、次女とも法定相続分の3分の1ずつ取得するという遺産分割協議は可能でしょうか。

▶ ▶ ▶ Point

① 　相続する割合のみを指定して、具体的に誰がどの遺産をとるかを相続人の話合いに委ねている場合には、遺産分割協議が必要となります。

② 　相続人全員の同意が得られるのであれば、遺言と異なる遺産分割協議をすることも可能と考えられています。

1 遺言と法定相続分

　民法は、法定相続として相続人の範囲とその相続分を決めていますが、法定相続は、遺言がない場合の分割協議の基準を定めたものにすぎず、遺言があれば遺言が優先します。わが国のような私有財産制の国では、自己の財産の処分は自己の意思をもって自由に決定することが認められており、生前に自分の財産を誰にどれだけ譲るかを遺言で正式に定めることができるとされているのです。

　したがって、遺言においてすべての遺産について特定遺贈（特定財産承継遺言）がなされていれば、遺産分割協議は不要となります。

　また、遺産を1人の者に全部遺贈するという包括遺贈の遺言がなされてい

る場合にも、遺産分割協議を要せず、受遺者が全遺産を取得します。

2　遺言書で相続分の指定のみがなされている場合

　遺言書の内容によっては、遺産分割協議が必要になる場合があります。設問のように、単に相続する割合のみを指示し、具体的に誰がどの遺産を取得するのかを、相続人間の話合いに委ねている場合には、遺言があっても、遺産分割協議を行わないことには、現実に具体的な相続ができません。こうした場合には、具体的に取得する遺産を確定させるための遺産分割協議を行うことが必要となります。

3　遺言に反した遺産分割は可能か

(1)　共同相続人の意思の尊重

　遺言では長男が2分の1とされていても、分割協議の中で他の姉妹に配慮しようとすることもありえます。長男も長女、次女と均等に法定相続分の3分の1を取得することにするなど、遺言に反した遺産分割協議を行うことは、許されないことでしょうか。

　遺言者の最終意思を尊重するという遺言の制度趣旨からすれば、遺言に沿った遺産分割を行うべきとなりましょう。そして、その後に、相続によって取得した財産を相続人が任意に処分（交換または譲渡）する方法もあり得ます。しかし、上記の方法は、登記費用が二重に発生する場合もありますし、相続によって取得した財産を処分する際に、多額の贈与税が発生することもあります。

　そもそも、民法は、相続人および受遺者の自由な意思を尊重し、遺贈に対する放棄を明文で認めていますので（民法986条）、私的自治の原則の観点からすれば、相続分や遺産分割方法の指定についても、相続人および受遺者全員が遺言内容と異なる遺産分割を望めば、その意思を尊重する必要があります。

　そこで、裁判例においても、相続人および受遺者全員の同意があれば、遺言と異なる遺産分割をすることも可能と考えられています（さいたま地裁平成14年2月7日判決・裁判所ウェブサイト、熊本地裁昭和30年1月11日判決・家月7巻10号25頁）。

(2)　遺言執行者がある場合

　それでは、遺言執行者がある場合でも、遺言に反した遺産分割は可能でしょうか。

　遺言執行者がある場合には、相続人は相続財産に対する管理処分権を喪失し、遺言執行者が管理処分権を有するとされています。そこで、相続人は、相続財産の処分その他遺言の執行を妨げるべき行為をすることができず、一部の相続人が遺言に反して相続財産を処分した場合、その行為は無効になるとされています（民法1013条1項・2項本文）。

　しかし、特定財産承継遺言などにより権利の帰属が確定していて、遺言執行者に権限行使についての裁量の余地がない場合には、利害関係を有する相続人全員（相続人・受遺者）が合意しているのであれば、いったん取得した各自の取得分を相互に交換的に譲渡する旨の合意をしたものと考えることができますので、遺言執行者がある場合であっても、遺言に反した遺産分割は当然に無効とはいえないと思われます（東京高裁平成11年2月17日・金判1068号42頁参照）。

（宮田百枝）

Q31　相続人が行方不明の場合の遺産分割協議

> 　夫が死亡し、私には3人の子がいますが、長男が数年前から行方不明になっています。夫名義の不動産や預金があるのですが、遺産分割をすることはできないのでしょうか。

▶ ▶ ▶ Point

① 　行方不明者がある場合、失踪宣告制度や認定死亡制度により、行方不明者を死亡したものとして、他の共同相続人だけで遺産分割をすることができます。

② 　家庭裁判所から不在者財産管理人を選任してもらい、その者を行方不明者の代理人とすることによって遺産分割をすることもできます。

1　失踪宣告制度

(1)　意　義

　失踪宣告とは、民法30条で定めた一定の期間にわたり生死不明の者について、所定の時期に死亡したものとみなす制度です。

　この制度は、生死不明の場合、すなわち生存の証明も死亡の証明もできない場合に利用できる制度です。後述の認定死亡制度は、死亡したことが確実である場合の制度ですので、基本的な点で違いがあります。

(2)　手　続

　一定の期間にわたり生死不明の不在者について、配偶者、親、子、保険金受取人などの失踪宣告につき法律上の利害関係を有する利害関係人は、家庭裁判所に失踪宣告の審判申立てを行うことができます。

　家庭裁判所の調査の結果、不在者の生存が確認できなかった場合、所定の

手続を経て、家庭裁判所は不在者についての失踪宣告の審判を行い、申立人の届書により戸籍上に死亡とみなされる旨が記載されます（詳しくはQ1を参照）。

そして、死亡とみなされる場合、民法31条により失踪宣告の種類（普通失踪と特別失踪）に応じて死亡とみなす「時期」が定められています。

この失踪宣告により、行方不明者が死亡したものとして遺産分割をすることができるようになります。

2　認定死亡制度

認定死亡制度とは、水難、火災その他の事変により、死亡したことが確実な場合で、遺体未発見の場合に戸籍に死亡の記載をするための制度です。

水難、火災その他の事変により死亡した者がある場合について、その取調べをした官庁または公署の死亡地の市町村長に対する死亡報告によって戸籍に死亡の記載をすることができます（詳しくはQ1を参照）。

この死亡認定により、相続が開始し、遺産分割を進めることが可能となります。

3　不在者財産管理制度

行方不明者に財産管理人を選任し、その財産管理人が不在者に代わって遺産分割を進めることができます。

(1)　不在者財産管理人選任の審判申立て

民法25条1項は、「従来の住所又は居所を去った者がその財産の管理人を置かなかったときは、家庭裁判所は、利害関係人又は検察官の請求により、その財産の管理について必要な処分を命ずることができる」と定めています。この家庭裁判所による「必要な処分」として、不在者財産管理人選任の審判申立てに基づく不在者財産管理人の選任があります。

(2) 選任の要件

(a) 不在者であること

「従来の住所又は居所を去った者」を不在者といい、容易に帰来する見込みのない者を意味します。不在者というためには生死不明であることは必要なく、また、生死が不明な者であって前述の失踪宣告を受けていない者も含まれます。典型例は長期の家出人です。

(b) 不在者自身が財産を管理できないこと

不在者財産管理制度は、不在者の財産保護を目的としていますので、不在者が財産を管理できないことが必要です。

したがって、不在者が外国等の遠隔地にいる場合であっても、容易に連絡がとれる場合には財産を管理できるので認められません。

また、不在者に親権者などの法定代理人がいる場合やすでに自らが委任した財産管理人がいる場合にも認められません。

(c) 管理すべき財産があること

不在者に帰属する財産がないのにこの制度を用いることはできません。

(3) 申立権者

申立権者は、利害関係人または検察官です（民法25条1項）。

利害関係人とは、不在者の財産管理について、法律上の利害関係を有する者をいいます。具体的には、不在者とともに共同相続人にあたる者、不在者の債権者・債務者、不在者が担保を提供している場合の担保権者、境界確定を求める隣地所有者、国・地方公共団体、土地区画整理組合などがあげられています。

なお、検察官は、公益の代表者として利害関係を有しているため、申立権者となっています。

(4) 家庭裁判所の審理

家庭裁判所は、申立人の利害関係の有無、財産管理人を必要とする理由、不在となった事情、今後の帰来可能性、親族等の不在者の財産管理に関する

意向、失踪宣告の審判申立ての可能性、不在者の財産状態などを調査して結論を出します。

(5) 不在者財産管理人の権限

不在者財産管理人は、保存行為、利用行為、改良行為の権限を有しています。ただし、利用行為・改良行為は、代理の目的である物または権利の性質を変えない範囲内に限られます。

そして、不在者財産管理人は、上記の権限の範囲を超える事項については、家庭裁判所に対し権限外行為許可の審判申立てを行い、その許可を得て行うことができます。遺産分割協議を成立させることは一つの典型例です。ただし、不在者財産管理制度は、不在者の財産を保護するための制度ですので、原則として、不在者の法定相続分に相当する財産を不在者のために残す必要があります。

4　設問の場合

長男が数年前から行方不明とのことですので、行方不明の期間が7年を超えている場合には失踪宣告の審判申立てを行うことができます。ただし、7年以上行方不明であることの証拠となるものを揃える必要があります。失踪宣告の審判がなされれば長男を死亡したものとみなして遺産分割をすることができます。

失踪宣告制度の利用ができないときは、不在者財産管理人の選任を検討するとよいと思います。これにより、少なくとも、長男の法定相続分である6分の1を除き、亡夫の遺産分割をすることができます。

なお、認定死亡制度は、水難、火災その他の事変により死亡したことが確実な場合に利用できる制度ですので設問の場合には適さないと思います。

（仲隆）

Q32　遺産分割協議で定めた義務を履行しない場合の解決策

　父が死亡し、遺産として、預貯金、自宅、別荘がありました。相続人である私と母と兄の 3 人で遺産分割協議をした際に、兄が高齢の母の面倒をみることを約束したので、母は何も取得せず、兄が預貯金と自宅を取得し、私が別荘を取得するという内容の遺産分割協議をして、遺産分割協議書に母、兄、私がそれぞれ実印を押しました。

　ところが、兄は、母の面倒を全くみません。また、別荘の登記が父名義のままでしたので、私の名義にしようとしたところ、母は印鑑登録証明書を渡してくれたのですが、兄は印鑑登録証明書を渡してくれません。遺産分割のやり直しなど何かよい方法はないでしょうか。

▶ ▶ ▶ Point

① 　債務不履行を理由に遺産分割協議を解除することはできません。

② 　共同相続人全員の合意により遺産分割協議を解除することはできます。

③ 　遺産分割協議の際に約束した扶養義務を履行しない場合、扶養請求調停を申し立てることが考えられます。

④ 　遺産分割協議によって不動産を単独取得した相続人は、当該不動産について相続による所有権移転登記を 1 人で申請することができますが、その際、他の相続人の印鑑登録証明書が必要になります。

⑤ 　他の相続人が印鑑登録証明書を渡してくれない場合は、証書真否確認の訴えや、法定相続分による共同相続登記をしたうえで持分全部移転登記をする方法があります。

1　母の扶養

(1)　債務不履行を理由とする解除

遺産分割協議の際に兄が母の面倒をみること（扶養すること）を約束したのに、その約束を守らなかったので、債務不履行を理由に遺産分割協議を解除することが考えられます。

しかし、判例は、相続人の1人が他の相続人に対して遺産分割協議において負担した債務を履行しない場合でも、他の相続人が債務不履行を理由に遺産分割協議を解除することを認めていません（最高裁平成元年2月9日判決・民集43巻2号1頁）。したがって、質問者や母は、兄が母の面倒をみるという約束を守らなかったことを理由に遺産分割協議を解除することができません。

(2)　共同相続人全員の合意による解除

他方、判例は、共同相続人全員の合意により遺産分割協議を解除することを認めています（最高裁平成2年9月27日判決・民集44巻6号995頁）。

多数決ではなく、全員の合意が必要ですので、兄の合意がなければ遺産分割協議を解除することができません。母の面倒をみないような人が合意してくれるとは思えませんので、この方法は期待できないでしょう。

(3)　扶養請求

結局、遺産分割のやり直しをすることはできませんので、端的に、兄に対して母の面倒をみろと請求するほかないでしょう（民法877条1項）。手続としては、母が兄を相手方として家庭裁判所に扶養請求調停を申し立てることが考えられます。

なお、設問とは異なり、たとえば「毎月3万円支払う」など扶養義務の内容が明確で強制執行になじむ場合は、民事訴訟を提起することが考えられます。

2　別荘の登記

⑴　別荘の所有権

　遺産分割は相続開始時にさかのぼって効力が生じますので（民法909条本文）、質問者は、相続開始時に、別荘の所有権を父から直接承継取得したことになります。ただし、法定相続分を超えて取得した部分については、登記をしなければ第三者に対抗できません（同法899条の2第1項）。

⑵　相続登記の手続

　権利に関する登記の申請は、登記権利者と登記義務者が共同して行うのが原則です（不動産登記法60条）。もっとも、相続による所有権移転登記に関しては、登記義務者となるべき被相続人が死亡していることや、戸籍制度によって身分関係が明らかであることから、共同申請の例外として、登記権利者である相続人だけで申請することができます（同法63条2項）。

　そこで、設問の場合とは異なり、遺産分割がまだ行われていない場合には、共同相続人全員が法定相続分による共同相続登記を申請することができますし、共同相続人のうちの1人が保存行為（民法252条5項）として法定相続分による共同相続登記を申請することもできます。

⑶　遺産分割による登記

　設問の場合では、質問者は、遺産分割により別荘の所有権を父から直接承継取得したことになりますので、前述した法定相続分による共同相続登記を経ることなく、直接自己名義への相続による所有権移転登記を申請することができます。

　その際、遺産分割協議書や他の相続人の印鑑登録証明書を添付する必要があります。このように他の相続人の印鑑登録証明書が必要なのは、遺産分割協議書が相続人の意思に基づいて作成されたものであることを確認するためです。したがって、添付すべき印鑑登録証明書は、遺産分割協議書に押印した実印の印鑑登録証明書であることを要します。ただし、印鑑登録証明書は

発行後3カ月以内のものである必要はないです。

設問の場合では、兄が印鑑登録証明書を渡してくれませんので、このままでは質問者は自己名義への相続による所有権移転登記ができません。この場合の解決策として、次の方法があります。

(4) 遺産分割協議書真否確認の訴え

遺産分割協議書について証書真否確認の訴えをする方法です。

証書真否確認の訴え（民事訴訟法134条）は、書面の記載内容が真実かどうかを確定するのではなく、書面が作成者とされる者の意思に基づいて作成されたかどうかを確定する訴訟です。

設問の場合では、印鑑登録証明書を渡してくれない兄を被告として証書真否確認の訴えを提起します（母を被告とする必要はないです）。そして、証書真否確認の訴えで勝訴すれば（厳密にいいますと、勝訴判決が確定すれば）、兄の意思に基づいて遺産分割協議書が作成されたことが認められますので、兄の印鑑登録証明書がなくても、判決書、遺産分割協議書、母の印鑑登録証明書などを添付して、質問者が1人で自己名義への相続による所有権移転登記を申請することができます。

(5) すでに共同相続登記がなされている場合

設問の場合は遺産分割協議前に共同相続登記がなされていないことを前提としています。それでは、設問の場合と異なり、遺産分割協議前に、別荘について、母が2分の1、質問者と兄が4分の1ずつの共有持分を取得した旨の共同相続登記がなされている場合はどうでしょうか。

この場合は、母と兄の持分全部を質問者に移転登記することになります。これは、一般の登記手続と同じになりますので、登記権利者である質問者と登記義務者である母や兄とで共同申請する必要があります。

母は共同申請に協力してくれると思われますが、兄は印鑑登録証明書を渡さないような人ですから、協力してくれないと思われます。

そこで、兄を被告として、持分全部移転登記手続請求訴訟を提起します。

そして、勝訴判決が確定すれば、当該判決は登記所に対する登記義務者（兄）の登記申請の意思表示に代わるものになりますので（民事執行法174条1項）、兄の持分に関しては、質問者は単独で持分全部移転登記の申請をすることができます（不動産登記法63条1項）。

(6)　まとめ

以上のとおり、他の相続人から印鑑登録証明書を交付してもらえないと、手間や費用が余分にかかってしまいます。

こうした不都合を回避するためにも、遺産分割協議書を作成する際には印鑑登録証明書の交付を受けておくべきです。

3　その他

(1)　遺産分割協議書への押印を拒否された場合

設問の場合は、遺産分割協議書が作成され、兄も含めて共同相続人全員の実印が押されたことが前提となっています。

では、仮に、遺産分割協議が成立したのに兄が遺産分割協議書への押印を拒んだ場合はどうなるでしょうか。この場合は、押印を拒む兄を被告として所有権確認訴訟を提起する方法があります。勝訴判決が確定すれば、判決書、当該遺産分割協議書、母の印鑑登録証明書などを添付して、質問者は一人で自己名義への相続による所有権移転登記を申請できます。

(2)　遺産分割調停・審判の場合

設問の場合は遺産分割協議でしたが、遺産分割調停や審判の場合でも、裁判所が登記手続をしてくれるわけではないので、特定の不動産を単独取得した相続人は自ら相続による所有権移転登記を申請する必要があります。

ただ、この場合は、調停調書や審判書を添付することになりますので、他の相続人の印鑑登録証明書は不要です。

（大塚淳）

第6章

遺産分割調停と審判

Q33　遺産分割調停・審判手続

　先日、父が死亡したので、父の遺産を分割したいと思っています。母はすでに他界していますので、相続人は私と私の兄弟 2 人の 3 人となります。他の 2 人と遺産分割の協議をしようと思って連絡をしたのですが、どのように分割するかで折り合いがつきませんでした。このようなときはどうしたらよいでしょうか。また、裁判所に遺産分割の内容を決めてもらうことはできるでしょうか。

▶ ▶ ▶ Point

① 　他の相続人との間で遺産分割協議ができない場合には、家庭裁判所に遺産分割調停を申し立てるべきです。調停では、調停委員が間に入ってくれますので、協議がしやすくなります。ただし、調停は、あくまでも話合いの場ですので、相続人との間で合意ができなければ調停不成立となってしまいます。

② 　調停が不成立となった場合には、遺産分割審判という手続に進むことになり、その審判では最終的な遺産分割の内容を決めてもらうことができます。

1　遺産分割調停手続の概要

(1)　はじめに

　ある者が死亡した場合、その者（被相続人）の財産は遺産となり、その遺産の分け方について、遺言で定められていないときには、相続人全員で協議をする必要があります。遺産が預金や現金のみであれば、協議もまとまりやすいかもしれませんが、不動産や株式等の財産がある場合は、その分け方や

評価額等で協議が紛糾することもよくあります。相続人全員で遺産分割協議の合意ができればよいのですが、できない場合は他の方法を検討しなければなりません。民法は、相続人の間で遺産分割協議が調わない場合や、協議ができない場合には、各相続人は家庭裁判所に分割を請求できると定めています（民法907条2項）。

　相続人が家庭裁判所に分割を請求する場合は、遺産分割審判という手続を申し立てることになります。しかし、遺産分割事件は、家事調停の対象にもされています（家事事件手続法244条・別表一・別表二参照）。そして、遺産分割調停の手続をせずに遺産分割審判の申立てを行う場合は、裁判所は職権で事件を家事調停に付すことができると定められており（同法274条1項）、実務上もほとんどが調停に付されることとなります。そのため、必ず遺産分割調停を先に申し立てなければならないわけではありませんが（同法257条1項参照）、一般的には調停の申立てを先に行います。

(2)　調停の管轄

　家事調停事件は、相手方の住所地を管轄する家庭裁判所に申立てを行うこととなります（家事事件手続法245条1項）。ただし、遺産分割調停については、相続が開始した地を管轄する家庭裁判所にも申立てを行うことができます（同法245条3項・191条1項）。この相続が開始した地というのは、被相続人の住所地となります（民法883条）。したがって、遺産分割調停は、相手方となる他の相続人の住所地または被相続人の住所地を管轄する家庭裁判所に申立てを行います。このとき、相手方となる相続人が複数いる場合は、その中の誰かの住所地を管轄する家庭裁判所に申立てをすることができます。

　また、相続人全員の間で、ある家庭裁判所で調停を行うことを内容とする合意ができている場合は、合意で決めた家庭裁判所に対して申し立てることができます（家事事件手続法245条1項）。

(3)　調停申立ての準備

　調停の申立ては申立書を作成して、書面にて行います（家事事件手続法255

条）。申立書のほかに、被相続人の相続関係がわかるように被相続人の出生から死亡までの戸籍謄本を添付します。また、相続人全員の戸籍謄本も添付します。ほかにも相続人の範囲によって必要となる戸籍謄本が変わってきます。

　戸籍のほかには、遺産をまとめた遺産目録や、遺産に不動産等の財産がある場合には、それらの財産の評価書も添付することとなります。必要な書類は個々の事案によって異なってきます。

(4)　調停の概要

　調停は、家庭裁判所内の非公開の部屋で行われます（家事事件手続法33条）。部屋の中には調停委員が2人おり、申立人と相手方が交互に部屋に入り、調停委員から質問を受けたり、主張を伝えたりします。このように、交互に調停委員と面談し、相手方の主張を聞いて、調停委員との間で意見を交換するなどし、遺産分割の協議の合意をめざしていきます。

　調停の期日の回数に制限は定められていませんが、当事者の協議の経過をみて、調停委員がこれ以上は協議が難しいと判断した場合には、調停は不成立となって終了することとなります。

(5)　調停の流れ

　調停での協議の流れを簡単に説明すると、まず、相続人の範囲を確定します。これは、遺産分割は相続人全員で行う必要があるため、相続人が抜けていないかなどを確認します。次に遺産の範囲と遺産の評価を協議します。そして、特別受益や寄与分の協議をし、各相続人の具体的な相続分を決定します。最後に、誰がどの財産を相続するかなど、遺産分割の方法を協議します。

(6)　調停成立の効果

　調停が成立に至った場合は、その旨の調停調書が作成されます。そして、この調停調書には、確定判決と同一の効力が認められます（家事事件手続法268条）。

2 遺産分割審判手続の概要

(1) 審判手続への移行

調停が不成立となった場合には、調停の申立てがあった時に審判の申立てがあったものとみなされることから、遺産分割審判という手続に移行します（家事事件手続法272条4項）。

(2) 審判の管轄

遺産分割審判を申し立てる家庭裁判所は、相続が開始した地を管轄する家庭裁判所となります（家事事件手続法191条1項）。したがって、審判を申し立てる際には、被相続人が最後に住所をおいていた場所を管轄する家庭裁判所に申し立てることになります。

しかし、調停から審判に移った場合には、調停を申し立てた家庭裁判所と、審判を管轄する家庭裁判所が異なることもあります（家事事件手続法9条1項本文）。この場合は、調停を行った家庭裁判所で、そのまま審判手続を行うことが多いです（同項ただし書）。ただし、審判の本来の管轄地である相続を開始した地を管轄する家庭裁判所のほうが処理に適している場合などには、その管轄を有する家庭裁判所に移送されることもあります。また、本来管轄を有しない家庭裁判所であっても、事件を処理するために特に必要があると認められる場合には、その管轄を有しない家庭裁判所に移送される可能性もあります。

(3) 審判の流れ

審判では、職権により事実の調査がされ、申立てまたは職権で証拠調べをすることとされています（家事事件手続法56条）。家事審判手続は、訴訟手続とは異なり、国家が後見的な見地から私人間の紛争に介入して、内容を判断するというものです。審判手続は、非公開にて行われ（同法33条）、審理方法も一定のものがあるわけではなく、個々の事案により弾力的に進められます。

審判では、最終的には裁判官が遺産分割の内容を決めて判断を下します。遺産分割の内容は、遺産の内容や各相続人の年齢、職業、心身の状態および生活の状況等の事情を考慮して決められますが（民法906条）、どのような内容となるかは個々の事案によります。

(4) 不服がある場合

遺産分割審判の判断内容に不服がある場合には、審判から2週間以内に即時抗告という手続をとることができます（家事事件手続法198条・85条・86条）。即時抗告をすると、高等裁判所によって審理がされ、抗告に理由があるときには審判に代わる裁判をするか、原審に差し戻すこととなります（同法91条）。

そのほかにも、憲法違反の判断がある場合には最高裁判所への特別抗告（家事事件手続法94条）、最高裁判所等の判例と相反する判断がある場合には最高裁判所への許可抗告（同法97条）という不服申立ての手段もあります。また、再審の手続もあります（同法103条）。

(5) 審判確定の効果

即時抗告ができる審判は、即時抗告の期間の満了前には確定しません（家事事件手続法74条4項）。また、即時抗告がされた場合も審判は確定しません（同条5項）。即時抗告がされない場合や即時抗告をして高等裁判所の決定が出たときに審判は確定します。そして、審判が確定すると、執行力のある債務名義と同一の効力を有します（同法75条）。なお、特別抗告と許可抗告は、審判の確定の効力を妨げませんが、担保を立てるなどによって、審判の執行を停止することができる可能性があります（同法95条）。

（森田悟志）

Q34　遺産分割の方法

> 亡くなった父の遺産は自宅の土地建物のみで、預貯金はほとんどありませんでした。相続人は、私含め兄弟 4 人ですが、どのように分けたらよいでしょうか。また選択した分割方法によって、課される税金が変わってくるのでしょうか。

▶ ▶ ▶ Point

① 遺産分割の方法には、現物分割、代償分割、換価分割、共有分割の 4 種類があります。遺産分割協議や調停では、各相続人の希望や状況に応じ、遺産分割の方法を選択することになります。設問の場合では、誰か一人が不動産を取得し他の相続人に代償金を支払う代償分割か、相続人全員で不動産を売却し、売買代金から必要経費を引いた残りを等分する換価分割の方法が一般的と考えられます。

② 上記 4 種類の分割方法に応じ、課される税金が異なります。分割方法の選択の際には、あらかじめその分割方法によって発生する税金の種類、税額を調べておくことをおすすめします。

1　遺産分割方法の種類

　遺産分割の方法には以下のとおり 4 種類の方法があります。遺産分割協議や調停においては、これらの分割方法を各相続人の希望や状況に応じて自由に選択することができます。審判では、現物分割、代償分割、換価分割、共有分割の順に検討し相続人の状況に見合った分割方法が選択されます。

(1)　現物分割

　現物分割とは、遺産をそのまま分割する原則的な分割方法です。

　現金や預貯金は比較的容易に分割できますので、この方法を選択することが多いです。従前、預貯金は相続により当然分割され遺産分割の必要はないとされていましたが、最高裁判所はこの取扱いを変更し、遺産分割の対象とされるようになりました（最高裁平成28年12月19日決定・民集70巻8号2121頁）。

　土地の場合には、1筆の土地を2筆以上に細分割し、各相続人に取得させるケースや、数筆ある土地を各相続人に各筆の土地を取得させるケース等が想定されます。前者の場合、地積測量や分筆登記が必要となり、遺産分割協議書や調停調書には図面を添付することになります。後者の場合、相続人の数と土地の筆数や評価が一致すれば公平な分割が実現できますが、このようなことは稀ですので、実際には不公平を甘受して行われるか、話がまとまらない場合は一部代償金を支払う代償分割を併用する形で行われることが多いでしょう。

(2)　代償分割

　代償分割とは、一部の相続人に全部、あるいはその法定相続分を超える額の遺産を取得させ、法定相続分以下しか取得しない他の相続人に対する債務を負担させる方法です。現物分割をすることが物理的に不可能な場合や困難な場合、現物分割をするとその経済的価値が著しく低下してしまう場合、特定の相続人の遺産の利用状況を保護する必要がある場合等に用いられます。

　預貯金等の流動資産の場合、各相続人が個別に金融機関で相続手続を行うと煩雑になるため、相続人の1人がすべて取得し、払戻手続を経たうえで他の相続人に法定相続分相当額（あるいは、他の遺産がある場合はその遺産も含めて調整した金額）を送金する代償分割の方法がよくとられています。

　不動産等、流動資産以外の場合、これを取得する相続人は他の相続人へ弁済する原資が必要になりますので、代償分割の方法を選択できるのは取得者がその資力を有している場合に限られます。調停や審判では、自ら遺産を取得して代償分割を希望する相続人に、他の相続人に対する債務を弁済する資力があるか、通帳の預金残高を示す等して疎明することが要求されています。

また代償分割では、実際に遺産を売却しないで代償金の額を決めるため、不動産や非上場株式等価額が一元的に定まらない遺産の場合、その遺産の評価をめぐって争いになることがあります。

(3)　**換価分割**

換価分割とは、遺産を処分してその対価を各相続人に分配する方法です。当該遺産の取得を希望する相続人がいない場合や、代償分割の原資がない場合にはとりやすい方法といえます。

遺産分割協議や調停では、当事者全員が合意し任意売却を行い、売却代金から仲介手数料や登記費用等の諸費用を控除し、残代金を相続人に分配します。ここでは、売却方法、最低売却価額、売買代金から控除する費用の費目や清算方法、さらに任意売却が不奏功に終わった場合の措置（調停の場合は競売）について等、細かく取決めをしておくとその後の換価がスムーズになります。

審判では、現物分割や代償分割ができない場合に換価分割が選択されます。審判における換価分割は、審判手続の最後になされる終局審判と、審判手続の途中で中間処分としてなされる換価審判とがあります。終局審判では、競売を命じ、その換価代金を具体的相続分に従って分配することになります。中間処分における換価審判は、遺産の一部を換価してその代金を調整金とする必要がある場合や、終局審判前に有利な金額で売却できる場合等になされます。中間処分における換価審判は、競売による方法もありますが、相続人全員の同意があれば任意売却による方法もあります。

(4)　**共有分割**

共有分割とは、遺産の全部または一部について具体的相続分による物権法上の共有取得とする方法です。つまり、遺産を物理的に分けたり換価して代金を分けたりすることなく、その所有権等の権利を相続人で共有することで遺産分割を終わらせるという方法です。

この分割方法では、遺産分割後も共有関係が継続することになります。遺

産分割後に共有関係を解消したい場合は、共有物分割請求（民法256条1項）を行うことになります。

　遺産をめぐって紛争となっている遺産分割調停や審判では、共有分割を選択すると上記のように遺産分割後も共有関係が継続することになるため、紛争の終局的解決にならないと考えられます。そのため、共有分割は、現物分割、代償分割、換価分割のいずれも困難な状況にあり、当事者が共有分割を望み、かつ、それが不当ではない、という限定的な場面でのみ選択しうるとされています。

2　遺産分割の方法と課税関係

　以上のように、遺産分割の方法には4種類の方法がありますが、どの分割方法を選択するかによって、課される税金が異なりますので注意が必要です。遺産分割方法を選択する際には、当該分割方法によってどのような税金がいくら課税されるのかについてあらかじめ調べておき、想定される税額を踏まえて遺産分割協議・調停に臨めるとよいでしょう。以下では、各分割方法に応じて課される税金の概要を記載していますが、実際の税額は税理士にご確認ください。

(1)　現物分割

　現物で取得した遺産の価額に応じて相続税が課税されることになります。遺産の価額は、現預金の場合はその金額、土地の場合は基本的に路線価方式もしくは倍率方式で求めた価額になります（財産評価基本通達11）。

　取得した遺産を売却した場合には、さらに譲渡所得税が課税されます。ただし、相続開始日の翌日より3年以内に遺産を売却した場合は、支払った相続税のうち当該遺産に相当する部分を取得費として控除することができます（租税特別措置法39条）。譲渡所得税には翌年の住民税も連動しますので、注意が必要です。

⑵　**代償分割**

　遺産を取得し代償金を支払った相続人には、遺産の価格より代償金を差し引いた金額に対応した相続税が課税されます。(相続税基本通達11の2-9)。

　取得した遺産を売却した場合には、さらに譲渡所得税が課税されること、相続開始日の翌日より3年以内に売却した場合、相続税の当該遺産相応部分を取得費として控除できることは前記⑴と同様です。譲渡所得税の計算においては、支払った代償金を資産の取得費として控除することはできませんので、注意が必要です。そこで、取得した財産の売却が想定される場合には、当事者間の協議や調停において、あらかじめ課される譲渡所得税を計算し、その額を不動産評価から控除して代償金を調整するという方法をとることもあります。計算は複雑になりますが、譲渡所得税に連動して増額する翌年の住民税も含めて調整するケースもあります。

　代償金を取得した相続人には、代償金の額に対応した相続税が課税されます。

⑶　**換価分割**

　各相続人が遺産をいったん取得し、その後、他の相続人とともに売却することになりますので、各相続人に対し、取得した遺産、取得した売買代金の額に応じてそれぞれ相続税と譲渡所得税が課税されます。

　相続開始日の翌日より3年以内に売却した場合、相続税の当該遺産相応部分を取得費として控除できることは前記⑴と同様です。

⑷　**共有分割**

　取得した共有持分に応じて相続税が課税されることになります。

(安齋瑠美)

Q35　共有名義の遺産があるときの分割方法

　父が死亡し、母と長男と二男である私が相続しました。遺産の中に駐車場がありますが、父と伯父との共有名義になっています。駐車場の遺産分割はどのように進めたらよいでしょうか。

▶ ▶ ▶ Point

①　被相続人と第三者の共有名義の財産がある場合、第三者との共有関係を解消するためには共有物分割手続を行う必要があります。

②　一方で、共同相続人間の共有関係を解消するためには遺産分割手続が必要です。

③　事情に応じて①と②のどちらを先に進めても構いません。

1　共有物分割手続と遺産分割手続の違い

　共有物分割手続は、何かの事情で共有している財産について（民法249条以下。この共有状態を「物権法上の共有」といいます）、この共有関係を解消して、各共有者に独立した権利を取得させる手続です。

　一方、遺産分割手続は、共同相続人が被相続人の死亡により共有している遺産全体について（民法898条1項。この共有状態を「遺産共有」といいます）、これを分割して、各共同相続人に個々の財産を取得させる手続です。

　このように、共有物分割も遺産分割も広い意味では共有関係にある財産を分割するものですから、類似する面をもっていますが、それぞれの手続は全く異なります。

　共有物分割手続においては、まず分割協議を行い（民法256条1項）、協議が成立しないときは、簡易裁判所における調停手続（遺産分割調停とは異な

る一般調停手続といわれるもの）や民事訴訟手続（判決を求める手続）により共有物を分割することになっています（同法258条）。

　これに対して、遺産分割手続は、まず分割協議を行うことは共有物分割と同じですが（同法907条1項）、協議が成立しないときや協議ができないときには家庭裁判所の遺産分割調停・審判手続により、遺産を分割することになります（同条2項）。

2　共有名義の遺産の分割手続

　たとえば、遺産の中に被相続人の持分が3分の2、第三者の持分が3分の1の共有名義の土地がある場合、共同相続人全員と第三者は、3分の2と3分の1の割合（2対1の割合）で、物権法上の共有関係にあると考えることができ、同時に、共同相続人間においては、土地の3分の2の持分について遺産共有の状態にあるといえますので、この土地には二つの共有状態が混在していることになります。

　このような共有土地をどのように分割すればよいのでしょうか。

　最高裁平成25年11月29日判決（判時2206号79頁）は、共同相続人の共有持分（遺産共有持分）と第三者の共有持分とが併存する場合、共同相続人側から第三者との共有関係の解消をしようとする場合も、第三者から解消しようとする場合も、裁判上とるべき手続は共有物分割訴訟であると判示しています。

　そして、第三者との共有関係を解消した共同相続人は、共同相続人間において遺産分割手続を行うことになります。

　もっとも、先に共同相続人間において遺産共有持分について遺産分割をすることも可能です。たとえば、共同相続人の一人が遺産共有持分の全部を取得したうえで、第三者との間で共有物分割をすればよいことになります。

　ところで、令和3年改正で新設された民法258条の2第1項は、「共有物の全部又はその持分が相続財産に属する場合において、共同相続人間で当該共

第6章　遺産分割調停と審判

有物の全部又はその持分について遺産の分割をすべきときは、当該共有物又
はその持分について前条の規定による分割をすることができない」と規定し
てますが、遺産共有を解消するために共有物分割訴訟による分割をすること
はできないという趣旨であり、遺産共有が存在するから共有物分割訴訟を提
起できないという意味ではないと解されます。

　また、民法258条の2項では、「共有物の持分が相続財産に属する場合にお
いて、相続開始の時から10年を経過したときは、前項の規定にかかわらず、
相続財産に属する共有物の持分について前条の規定による分割をすることが
できる。ただし、当該共有物の持分について遺産の分割の請求があった場合
において、相続人が当該共有物の持分について同条の規定による分割をする
ことに異議の申出をしたときは、この限りでない」と規定されていますので、
相続開始の時から10年を経過した場合には、遺産分割手続をすることなく、
共有物分割訴訟で解決することが可能になっています。

3　具体的な分割方法

(1)　共有物分割手続を先に進める場合

　土地の共有物分割手続においては、大きく、三つの分割方法があります。
①土地を分筆して分ける方法（現物分割。民法258条2項1号。なお建物の分割
は困難です）、②土地を他に売却して代金を分ける方法（代価分割。同条3項）、
③どちらか一方が土地を取得して他方に賠償金を支払う方法（全面的価格賠
償による分割。同条2項2号）です。

　そこでたとえば、共同相続人側（共同相続人全員）が賠償金を支払って第
三者の3分の1の共有持分を買い取ると（③の全面的価格賠償）、共同相続人
側が賠償金の負担割合に応じて確定的にその共有持分を取得します。逆に、
第三者が賠償金を支払って土地全部を取得した場合には第三者から支払われ
る賠償金は各共同相続人が自己の法定相続分に従って取得する権利がありま
すので、その賠償金の分配をもって解決を図ることができます。ただし、全

員が合意すればこの賠償金を遺産に含めて遺産分割手続において解決することも可能です。

　以上は話合いで解決する場合です。そこで、話合いで解決できず、共有物分割訴訟において判決が下される場合はどうなるのでしょうか。

　共同相続人側（遺産共有持分権者）が土地を取得するという内容の判決が下された場合には、第三者の有していた共有持分は共同相続人側に確定的に帰属します。

　これに対して、第三者が土地を取得して共同相続人側に賠償金が支払われる場合や代価分割によって共同相続人側に代金が支払われる場合には、どうなるのでしょうか。

　前掲・最高裁平成25年11月29日判決は、賠償金が共同相続人側に支払われる場合には、遺産分割により賠償金の帰属が確定されるべきものであるから、支払いを受けた共同相続人は、これをその時点で確定的に取得するものではなく、遺産分割がされるまでの間、これを保管する義務を負う、そして、そのような内容の判決をするべきである、と述べています。

　つまり、共同相続人が賠償金を遺産として保管した状態のまま、共同相続人間で賠償金を含めて遺産分割をするということになります。

(2)　遺産分割手続を先に進める場合

　この場合には、たとえば、①土地の3分の2の共有持分を共同相続人の一人が他の共同相続人に代償金を支払って共有持分を全部取得したうえで、第三者との間で共有物分割手続を行って解決することができますし、②3分の2の共有持分をさらに細分化して共有持分を取得し（これを共有分割といいます。たとえば、設問の場合で母3分の1、兄6分の1、弟6分の1の割合で取得する方法）、そのうえで第三者との間で共有物分割手続を行うこともできます。

4　設問の場合

　たとえば、駐車場の父の共有持分を兄が取得することに母も弟も同意しているのであれば、兄が共有持分を取得する前提として遺産分割全体について先に解決し、その後に兄と伯父との間で共有物分割手続をとるということもできます。

　しかし共有持分の取得を希望する相続人がいないときは、遺産分割が進めにくいと思いますので、まず共同相続人全員と伯父との間で共有物分割をするとよいでしょう。

　分割の方法としては、駐車場を分筆して土地を分ける方法、駐車場を他に売却して代金を分ける方法、どちらか一方が駐車場を取得して他方に賠償金を支払う方法があります。その後、共同相続人側が駐車場を取得した場合はもちろんのこと、金銭を取得したときであっても、共同相続人全員が合意すれば遺産の中に含めることができ、遺産全体について遺産分割を進めることになります。なお、共有物分割訴訟の判決によって共同相続人側が金銭を取得した場合には共同相続人間の合意がなくとも当然に遺産に含まれるものと考えられます。

（仲隆）

Q36 共同相続人の１人が共有持分を第三者に譲渡した場合の分割方法

> もともと父の単独名義だった駐車場がありましたが、父の死亡後、兄が駐車場について共同相続登記をしたうえ、自分の共有持分を伯父に譲渡して登記移転してしまいました。相続人は弟の私と母、兄の３人です。どのように駐車場を分割したらよいでしょうか。

▶ ▶ ▶ Point

① 各共同相続人は、特定の遺産に対する自己の共有持分を第三者に譲渡することができます。これにより、他の共同相続人と第三者との間で共有関係が生じますが、この共有関係の解消は共有物分割手続によらなければなりません。

② 平成30年改正により、他の共同相続人は、譲渡された共有持分が遺産として存在するものとみなして遺産分割手続をすることができるようになりました。

1 共有持分権の譲渡

遺産ではなく、何らかの事情で特定の財産を複数人が共有している場合（この状態を「物権法上の共有」といいます。民法249条以下）においては、各共有者は、他の共有者の承諾なくして自由に自己の共有持分権を他の共有者あるいは第三者に譲渡できます。

これに対し、被相続人が死亡して共同相続が発生した場合（民法898条１項。この状態を「遺産共有」といいます）、共同相続人は遺産分割手続により遺産を分割取得することになります。このように遺産共有は相続人という特別の

地位にある複数の者の間で生じているものですし、遺産分割と共有物分割とは手続も異なりますから、共同相続人は自由に自己の遺産の共有持分を譲渡できないようにも思われます。

しかしまず、各共同相続人は、自己の「相続分」の全部または一部を他の共同相続人あるいは第三者に譲渡できると解されています。「相続分」というのは相続人の地位であり、「特定の遺産に対する共有持分」とは異なります。そして、相続分を譲り受けた者は譲渡した共同相続人の地位（遺産分割の当事者の地位）も承継することになります。

それでは、各共同相続人は自己の「特定の遺産に対する共有持分」も他に譲渡できるのでしょうか。

この遺産共有の性質について、最高裁判所は、一貫して、物権法上の共有と何ら異なるものではないと解しています（最高裁昭和30年5月31日判決・判時53号14頁など）。このことから、共同相続人は、遺産全体に対する共有持分（遺産分割手続によりこの共有関係が解消されます）を有するだけでなく、個々の遺産に対する共有持分権を有するものと解されています。

したがって、各共同相続人は、特定の遺産に対する共有持分権を自由に譲渡することができるということになります。

2　相続開始後に共有持分を第三者に譲渡した場合の分割手続

前記1のとおり、各共同相続人は相続開始後、特定の遺産（たとえば土地）の共有持分を第三者に譲渡することができます。そうしますと、当該土地は譲渡していない共同相続人と第三者との間で共有関係が生ずることになります。たとえば、相続人がA・B・Cで、CがDに土地の共有持分を譲渡した場合、土地にはA・B・Dの共有関係が生じます。

ところで、もしCがDに「相続分」を譲渡した場合にはDが相続人の地位を承継して遺産分割の当事者となりますが、「特定の遺産の共有持分」を譲渡したにすぎない場合は、Dは遺産分割の当事者とはなりませんし、当該共

有持分は遺産分割の対象から逸出していますので遺産分割手続によって解決しなければならないものではありません。

　そこで、Dとしては、土地の共有関係を解消しようとする場合、遺産分割手続ではなく、共同相続人A・Bを相手方として共有物分割手続により解決する必要があります（最高裁昭和50年11月7日判決・判時799号18頁）。

　このことは、A・Bから共有関係を解消しようとする場合も同様であると考えられます（最高裁平成25年11月29日判決・判時2206号79頁）。A・Bからすればもともとの共有持分は遺産ですから、遺産分割手続によってDとの関係を解消することも許されるようにも思いますが、Dが遺産分割の当事者にならず、譲渡された共有持分が遺産分割の対象ではない以上は、共有物分割手続をとるしかないと考えられます。

③　具体的な分割方法

⑴　共有物分割により現物分割をする場合

　共有物分割手続において、A・BとDが現物分割（民法258条2項1号）により土地を二つに分筆して（なお建物の現物分割は困難です）、それぞれが取得した場合、A・Bが取得した土地は遺産分割の対象となります。そこで、あらためてA・B・C全員で分筆により取得した土地を遺産に含めて遺産分割手続により土地の帰属を確定させることになります。

⑵　共有物分割によりA・BがDの共有持分を取得する場合

　共有物分割手続において、A・Bが全面的価格賠償（民法258条2項2号）によりDの共有持分を取得した場合、土地全体が遺産分割の対象となります（前掲・最高裁昭和50年11月7日判決）。この場合も、あらためてA・B・C全員で土地全体を遺産に含めて遺産分割手続により土地の帰属を確定させることになります。

⑶　共有物分割によりA・Bが賠償金や代金を取得する場合

　共有物分割手続において、Dが全面的価格賠償によりA・Bの共有持分を

取得する代わりにA・Bに対して賠償金を支払う場合や、代価分割（民法258条3項）により土地全体を第三者に売却してA・B・Dが代金を取得する場合も、A・Bが取得する賠償金や代金は遺産分割の対象となると解されます（最高裁平成25年11月29日判決・判時2206号79頁参照）。

そこで、A・B・C全員で賠償金や代金を遺産に含めて遺産分割手続を行うことになります。

(4)　平成30年改正

平成30年改正により、共同相続人全員が同意した場合はもちろんのこと、共有持分を譲渡した共同相続人（前記②の例でC）の同意がない場合であっても他の共同相続人全員（前記②の例でA・B）の同意があれば、譲渡された財産を「遺産」とみなして遺産分割をすることができることとしました（民法906条の2）。そして、遺産分割において、譲渡された遺産は、その譲渡をした共同相続人が取得したものとして計算されることになります。

たとえば、遺産として、土地（評価額3000万円）と預金（1000万円）があるときに（遺産合計評価額4000万円）、法定相続人である妻A、子B・CのうちCが土地の共有持分4分の1を500万円でDに売却した場合、具体的相続分をA：2000万円、B・C：各1000万円だとしますと、売却した共有持分4分の1（評価額750万円）が遺産として存在するものとみなすと、Cはすでに750万円を取得したと計算されるので、遺産分割手続においては、Cは250万円相当の財産（たとえば預金250万円）を取得できるだけで、残りの土地4分の3（評価額2250万円）と残りの預金750万円の評価額合計3000万円をAとBで分割することになります。その結果、Cが最終的に取得する金額は750万円（Dへの売却代金500万円＋相続預金250万円）、Aは評価額2000万円、Bは評価額1000万円の財産を取得することとなります。

4　設問の場合

質問者と母としては、伯父との間で共有物分割をしたうえで、取得した財

産（駐車場の一部または全部、あるいは売却代金や賠償金）を遺産に含めて、兄と共に遺産全体の遺産分割手続をすることができます。

　また、民法906条の2により、兄が譲渡した共有持分を遺産として存在するものとみなし、兄がその共有持分を取得したものとして遺産分割手続を進めることもできます。

（仲隆）

Q37　遺産から生じた賃料と管理費用

> 　先日、私の父が他界し、父の相続人は私と兄の2人だけです。父の遺産の中には、預金などの財産や、父と兄が同居していた不動産のほかに、賃貸に出している不動産もありました。私と兄で遺産分割の協議をしましたが、お互いに多忙で、協議がなかなかまとまりません。父が他界した後の賃料も遺産の一部ということで、分割協議が終了するまで取得することができないのでしょうか。また、不動産の固定資産税などの費用は兄が支出してくれたようですが、その費用は私が負担するのでしょうか。

▶ ▶ ▶ Point

①　相続開始後、遺産分割終了までの賃料は、各相続人に法定相続分の割合で帰属しますので、遺産分割協議が終了する前でも、賃料の半分をもらうことができます。

②　不動産の固定資産税などの管理費用に関しては、遺産の中から充当することとなります。相続人の1人が管理費用を立て替えた場合には、法定相続分に応じて他の相続人に求償できることになります。

1 　遺産分割の効力

　相続が開始した場合、相続人が複数人いるときは、相続財産はその共同相続人の共有となります（民法898条1項。この共有状態を「遺産共有」といいます）。そして、共同相続人は、その相続分に応じて権利義務を相続するとされていますので（同法899条）、不動産を相続した場合には、相続分に応じた持分割合で共有している状態になります。なお、この相続した際の共有状態

は、一般的な共有状態（同法249条等。この状態を「物権法上の共有」といいます）と変わらないとされています（最高裁昭和30年5月31日判決・民集9巻6号793頁参照）。

このように、相続開始後、遺産は共有状態となりますが、共有状態では財産の管理や処分の際に手続が煩雑になることもありますので、不動産などは特に遺産分割で1人の相続人が相続するように協議をして、分割することが多いかと思います。そして、遺産分割協議がまとまるなど、遺産分割をした場合には、その遺産分割の効力は相続開始時にさかのぼることとなります（民法909条）。

② 相続開始後に生じた賃料

賃貸不動産から生じた賃料のように、相続開始後に遺産から果実が生じた場合は、その生じた果実も、遺産分割の遡及効から、その遺産を相続した者にすべて帰属するようにも思えます（民法89条1項）。ここでは、わかりやすく賃貸不動産の賃料とします。

この賃料の帰属につき、最高裁判所は、相続開始から遺産分割までの間の賃料は、遺産とは別個の財産にあたり、共同相続人が相続分に応じて確定的に取得すると判断しました。そして、各共同相続人が相続分に応じて確定的に取得しているので、後にされた遺産分割の影響は受けないと判断しています（最高裁平成17年9月8日判決・民集59巻7号1931頁）。つまり、相続開始後の賃料は、各相続人が、自身の法定相続分に応じて取得することができます。

③ 遺産の管理費用

遺産の中には、相続開始後に管理するための費用が生じてしまうものがあります。不動産などの固定資産では、固定資産税などが発生します。こうした遺産の管理費用は、原則として遺産の中から支払うものと考えられます（民法885条1項）。しかし、必ずしも遺産の中から支払うことができるとは限

らず、また、共同相続人の中の一部の者が立て替えて負担していることもあります。このような場合には、遺産は共同相続人の共有の状態となっていることから、その遺産に関する管理費用についても、共同相続人の持分割合で負担するものと考えられています。

　ただし、遺産の中でも不動産であって、相続人の1人が単独で占有している場合には、その不動産にかかる管理費用は、その相続人がすべて負担するとの見解もあります（民法595条1項参照）。

4　遺産から生じた賃料が遺産分割の対象となるか

　前述のとおり、遺産から生じた賃料は、各相続人に法定相続分の割合で帰属することになるので、原則として遺産分割の対象とはなりません。しかし、共同相続人の全員の合意があれば、遺産分割の対象とすることができるとされています（東京家裁昭和55年2月12日審判・家月32巻5号46頁、東京高裁昭和63年1月14日決定・家月40巻5号142頁等）。裁判例では、遺産から生じた賃料の分割ないし清算は、原則的には民事訴訟手続で解決するものとしつつも、簡便に解決ができることを理由に他の相続財産と一括して分割の対象とする場合には、例外的に遺産分割の対象とすることも許容されると判断しています。ただし、他の相続人に民事訴訟の手続を保障するために、他の相続人全員の同意も必要としています（前掲・東京高裁昭和63年1月14日決定）。

5　遺産の管理費用が遺産分割の対象となるか

　遺産の管理費用が遺産分割の対象となるかについては、三つの見解があります。

　遺産の管理費用は、相続開始後に発生する債務であるので、相続財産とはいえず、遺産分割の対象とはならないとする見解（東京高裁昭和40年11月8日決定・家月18巻4号74頁、大阪高裁昭和58年6月20日決定・判タ506号186頁等）、管理費用は当然遺産の中から支弁すべきもので、遺産の額の算定の際には管

理費用を控除して算定するという見解（大阪高裁昭和41年7月1日決定・家月19巻2号71頁、東京高裁昭和54年6月6日決定・家月32巻3号101頁等）、原則として遺産分割の対象ではないが、共同相続人が遺産分割の対象とすることに同意した場合には遺産分割の対象となるという見解（広島高裁松江支部平成3年8月28日決定・家月44巻7号58頁参照）などがあります。

　一般的には、管理費用を控除して遺産の額を算定し、遺産分割をしてしまったほうが、後日の紛争もなくなりますので、管理費用も分割協議の対象とすることが多いです。しかし、管理費用の金額等に争いがあるなど、遺産総額から管理費用等を控除して遺産を算定することに同意しない相続人がいる場合には、上記のとおり、遺産から管理費用等を当然に控除して遺産分割ができるか争いがありますので、遺産のみの分割協議をし、管理費用については別途民事訴訟手続で争うこととなると考えられます。

6　設問の場合

　父の死亡後に賃貸不動産から生じた賃料は、兄弟2分の1ずつ取得することができますので、兄が賃料を保管しているのであれば2分の1の金額を請求できます。兄が支払わない場合には、遺産分割協議も進まない以上、訴訟によって解決するしかありません。固定資産税などの管理費用について同じようなことがいえます。

　しかし、相続人である兄自身が取得する不動産については兄が負担するのが合理的だと思われます。

（森田悟志）

第7章

相続人の不存在

Q38 相続人がいない場合の遺産

私の兄が死亡したのですが、負債が大きかったため相続人全員が相続
放棄をして相続人がいない状態になっています。このたび兄より先に死
亡していた母の遺産分割協議をする必要が生じました。母の相続人の
1 人である兄についてどのような手続をとればよいのでしょうか。相
続人のいない兄が相続する母の遺産はどうなってしまうのでしょうか。

▶ ▶ ▶ Point

①　被相続人に相続人がいないと思われる場合、家庭裁判所に相続財産清算
　人選任の審判申立てをして、相続財産清算人を選任してもらい、その相続
　財産清算人が被相続人の代わりに遺産分割協議等を行うことができます。

②　相続財産清算人が、他に相続人がいないかどうかを探しながら被相続人
　の遺産の調査・管理（遺産分割協議などを含みます）をし、相続人が見つ
　からない場合には債権者・受遺者への支払いを行います。それでも残った遺
　産がある場合、特別縁故者からの請求があれば裁判所が特別縁故者への財
　産分与の判断をした後、遺産は最終的に国庫に帰属することになります。

1　相続財産清算人とは

　人が亡くなってその相続人のあることが明らかでないとき、相続財産は法
人とされます（民法951条）。

　そして、権利義務の主体とするために法人化された相続財産法人の代理人
ないし代表者として、相続財産の管理・清算等の法律関係を処理するために、
利害関係人または検察官の請求によって、相続財産清算人が家庭裁判所から
選任されることになります（民法952条 1 項）。なお、令和 3 年改正前は、「相

続財産管理人」（改正前民法952条）という名称でしたが、改正により、「相続財産清算人」（民法952条）と改められました。

2　相続人が不存在の場合の手続の流れ

民法は951条〜959条に、相続人の不存在の規定をおいて、相続人がいるか明らかでない相続財産がある場合の相続財産の管理・清算等を行うための手続を定めています。

具体的な手続の主な流れは以下のとおりです。

(1)　相続財産法人の成立

前述のとおり、人が亡くなって相続人のあることが明らかでない場合、その相続財産については、何ら手続を要することなく相続財産法人が成立します。この「相続人のあることが明らかでないとき」には、戸籍上相続人となる人が見当たらない場合やすべての相続人が相続放棄等をして相続人となる人がいなくなった場合など、相続人がいないことが明らかである場合も含むとされています。

なお、後日、相続人のあることが明らかになった場合は、相続財産法人は成立しなかったものとみなされます（民法955条本文）が、相続財産清算人がその権限内でした行為は有効です（同条ただし書）。

(2)　相続財産清算人選任の審判申立て

(a)　申立権者

相続財産法人に対する相続財産清算人選任の審判申立てができるのは、特別縁故者、相続債権者・相続債務者、担保権者、事務管理者、成年後見人であった者、受遺者、遺言執行者、相続財産の共有持分権利者、被相続人が相続分を有する遺産の共同相続人、国・地方公共団体など相続財産の帰属について利害関係を有する利害関係人または検察官です。

(b)　申立ての手続と費用

被相続人の最後の住所地を管轄する家庭裁判所あてに相続財産清算人選任

の審判申立書を提出します。添付書類としては、被相続人の住民票除票、出生から死亡までのすべての戸籍謄本（除籍謄本、改製原戸籍謄本を含みます）、申立人や相続財産清算人候補者の住民票、遺産目録、遺産目録記載の遺産に関する資料、相続関係図などがありますが、詳細は申立てをする家庭裁判所に確認をするとよいでしょう。

　申立てにかかる費用としては、申立手数料、郵券代、管理費用の予納金（官報公告費用や相続財産清算人の報酬等のための予納金）があります。予納金の金額に関しては、被相続人に十分な流動資産がある場合は別として、流動資産に乏しく、換価に時間がかかる不動産のみが資産である場合などは、家庭裁判所にもよりますが、通常、数十万円から100万円程度の予納が求められることもあるようです。

⑶　家庭裁判所による相続財産清算人の選任並びに相続財産清算人の選任および相続人捜索の公告

　家庭裁判所は、利害関係人または検察官から相続財産清算人選任の審判申立てがあると、申立ての適法性、相続人の存否、相続財産の内容、相続財産清算人の適格性等を調査したうえ、選任の審判または却下の審判をします（民法952条1項）。相続財産清算人を選任したときは、家庭裁判所は、遅滞なく、相続財産清算人を選任した旨および相続人があるならば一定の期間内にその権利を主張すべき旨を官報に公告しなければなりません。この場合において、その公告期間は、6カ月を下ることができないとされています（同法952条2項）。

　令和3年改正前は、①家庭裁判所による相続財産管理人選任の公告（改正前民法952条2項）を2カ月間行い、その後、②相続財産管理人による相続債権者等に対する請求申出を求める公告（同法957条1項）を2カ月間行い、さらにその後、③家庭裁判所による相続人捜索の公告（同法958条）を6カ月間行うこととされ、公告手続を3回も行う必要があり、権利関係の確定に合計10カ月以上を要して手続が重くなっていたため、令和3年改正は、家庭裁判

所の行う上記①と③の公告を一本化して、相続財産清算人を選任した旨および相続人があるならば6カ月を下ることができない一定の期間内にその権利を主張すべき旨の公告を、相続財産清算人選任後遅滞なく行うものと改めました。これにより、公告は、合計3回から2回になり、権利関係確定までの期間も短縮されました。

(4)　相続債権者および受遺者に対する公告・弁済

前記(3)の家庭裁判所による公告があったときは、相続財産清算人は、すべての相続債権者および受遺者に対し、2カ月以上の期間を定めて、同期間内にその請求の申出をすべき旨を公告しなければなりません。この場合、その公告期間は、同項の規定により相続人が権利を主張すべき期間として家庭裁判所が公告した期間内に満了するものでなければならないとされています（民法957条1項）。

令和3年改正により、家庭裁判所による公告が一本化されたことにより、相続財産清算人が行う相続債権者および受遺者に対する公告についても改正前民法957条1項が、前記のとおり改められました。

相続債権者および受遺者に対する公告期間満了後、相続財産清算人は、相続債権者および受遺者に対して弁済を行います。弁済の順序や方法については、民法932条ただし書の規定を除いて限定承認の規定が準用されます（民法957条2項・927条2項〜4項・928条〜935条）。

(5)　相続人の不存在の確定と相続人・相続債権者等の権利の排斥

前記(3)の家庭裁判所による公告期間満了後、相続人並びに相続財産清算人に知れなかった相続債権者および受遺者は、絶対的に権利を喪失します（民法958条）。すなわち、上記公告期間内に権利を主張しなかった相続人については相続人の不存在が確定して相続人の権利を行使することができなくなり、同期間内に相続財産清算人に知れなかった相続債権者および受遺者については、その権利を行使することができなくなります。

(6) 特別縁故者への財産の分与

家庭裁判所は、相続人の不存在が確定した後、残りの財産がある場合には、前記(3)の家庭裁判所による公告期間満了後3カ月以内の特別縁故者からの請求により、その全部または一部を特別縁故者に与えることができます（民法958条の2第1項・2項）。特別縁故者にあたりうるのは、被相続人と生計を同じくしていた者、被相続人の療養看護に努めた者、その他被相続人と特別の縁故があった者とされています（同法958条の2第1項）。

(7) 以上の手続後、残った財産の国庫への帰属

特別縁故者からの請求がない場合、請求があっても排斥された場合、または特別縁故者への財産分与がなされてもなお相続財産に残りがある場合には、その残りの相続財産は、国庫に帰属することになります（民法959条）。

上記のような手続を経て、相続財産法人は消滅し、相続財産清算人の任務は終了します。相続財産清算人は遅滞なく管理の計算をして残りの財産を国庫に引き継ぐ手続をします（民法959条・956条2項）。

3 設問の場合

兄について家庭裁判所に対し相続財産清算人選任の審判申立てを行い、相続財産清算人を選任してもらいます。そして、その相続財産清算人との間で、母の遺産について遺産分割協議を行うことができます。その結果、相続財産清算人が取得した財産は、兄の債権者に対する弁済や特別縁故者に分与されますが、最終的に残った財産は国庫に帰属することになります。

（小西麻美）

第8章

遺言書の作成

Q39　遺言書にはどのようなことを書くのか

　遺言書を作成しようと思っていますが、遺言として効力が生じる内容は決まっているという話を聞いたことがあります。遺言書にはどのようなことを書くのでしょうか。

▶▶▶ Point
① 　遺言書に書いた事項のうち法律上の効力を有するものは民法などの法律によって定められた事項に限られます。
② 　遺言者の気持ちなど、法律上の効力を有しない事項をあえて遺言書に書くこともあります。

1　遺言事項

(1)　遺言事項の意義

　遺言書を作成するにあたっては、民法に定める方式に従って作成することは必要ですが、書いてはいけない事項があるわけではなく、書く内容は遺言者が自由に決められます。

　しかし、遺言は、遺言者の最終意思を法的に実現する制度であり、遺言書に書いた内容すべてが法的に効力を有するというわけではありません。たとえば、遺言書に「兄弟仲よくするように」と書くこともできますが、兄弟仲よくする法的義務が子どもたちに生じるわけではなく、「兄弟仲よくするように」という遺言に法的効力はありません。

　遺言書に書いた事項のうち法律上の効力を有するものは民法などの法律によって定められた事項に限られており、その事項を遺言事項といいます。

⑵　遺言事項の具体的内容

主な遺言事項は以下のとおりです。

⒜　祭祀主宰者の指定（民法897条1項）

先祖のお墓を守り供養する人を指定することです。

⒝　相続分の指定または指定の委託（民法902条1項）

相続分を指定し、または指定することを誰かに委ねることです。民法で定められている法定相続分とは異なる相続分を指定することもできます。

⒞　遺産分割方法の指定または指定の委託（民法908条）

遺産の分け方を指定し、または指定することを誰かに委ねることです。

⒟　特別受益の持戻しの免除（民法903条3項）

相続人に生前贈与したことを相続の際に考慮しないこととすることです。

⒠　遺贈（民法964条）

財産を相続人または相続人ではない人に無償で与えることです。

⒡　遺言執行者の指定または指定の委託（民法1006条1項）

遺言者の死後に遺言の内容を実現してくれる人を指定し、または指定することを誰かに委ねることです。

⒢　信託の設定（信託法3条2号）

遺言で信託を行うことです。ただし、信託は、遺言者が1人で行う遺言ではなく、信託を引き受けてくれる受託者と行う契約で設定することが多いです。

⒣　生命保険金の受取人の変更（保険法44条）

生命保険金の受取人を変更することです。ただし、生前に保険会社に連絡して変更手続をしたほうが確実です。

⒤　廃除および廃除の取消し（民法893条・894条2項）

遺言者に対して虐待等をした相続人の相続権を奪うこと（廃除）、また生前にした廃除を取り消すことです。

　(j)　認知（民法781条２項）

　結婚していない男女の間の子について、自分の子であると認め、法律上の親子関係を生じさせることです。

　(k)　未成年後見人の指定および後見監督人の指定（民法839条１項・848条）

　唯一の親権者である遺言者が、自身の死亡後に自身に代わって未成年者の財産管理等を行う者（未成年後見人）を指定し、また未成年後見人を監督する人を指定することです。

2　付言事項

　前記①のとおり、遺言書に書いた事項のうち法律上の効力を有するものを遺言事項といいますが、法律上の効力を有しないことをあえて遺言書に書くこともあります。これを付言事項といいます。

　たとえば、献身的に介護をしてくれた娘に遺産を多く配分した、あるいは逆に生前贈与をした息子の遺産の配分は少なくした等、その遺言を作成した理由を説明しておくこともあります。

　長年いっしょに人生を歩んでくれた夫や献身的に介護をしてくれた娘への感謝の気持ちを書くこともあります。

　先祖代々伝わる不動産は売らずに守っていってほしい、子どもたちみんなで妻の面倒をみてほしい等の遺言者の希望を書くこともあります。葬式についての希望を書くこともありますが、その場合は、葬儀を行う前に遺言書の内容を知ってもらえるかという点に注意する必要があります。

　上記のとおり、付言事項は法律上の効力を有せず、「兄弟仲良くするように」と遺言書に書いても兄弟仲良くする法的義務が生じるわけではありませんが、付言事項に託された遺言者の思いは残された家族等の心に響くものです。遺言者の思いを付言事項として残しておくのもよいでしょう。

（佐藤正章）

Q40　遺贈の種類と効力

　私には、姪と甥がいます。この姪と甥は、法定相続人ではないのです
が、私が死亡した後、私の不動産や預貯金については、彼らに全部譲り
たいと思います。遺言書の作成にあたり、遺贈という方法があると聞き
ましたが、遺贈とは何でしょうか。また遺贈にすると姪や甥はどのよう
に財産を取得できるのでしょうか。

▶ ▶ ▶ Point
①　遺贈には、特定遺贈と包括遺贈があります。また、包括遺贈には、全部
　包括遺贈と割合的包括遺贈（一部包括遺贈ともいいます）があります。また、
　特定遺贈や包括遺贈を定めるにあたり、さらに条件や期限を設けたり（条
　件付遺贈、期限付遺贈）、あるいは負担付遺贈という形式の遺贈もすること
　ができます。
②　特定遺贈と全部包括遺贈の場合は、遺言者の死亡と同時に遺産が受遺者
　に移転しますが、割合的包括遺贈の場合には受遺者が具体的に財産を取得
　するためには遺産分割手続が必要となります。

1　遺贈の意義

⑴　遺　　贈
民法964条では、「遺言者は、包括又は特定の名義で、その財産の全部又は
一部を処分することができる」としています。これを遺贈といいます。

⑵　受遺者
遺贈をする相手を受遺者といいます。受遺者は、相続人でも第三者でも構
いません。したがって、広く親族はもちろんのこと、血縁関係のない人にも

遺贈することができます。また、遺贈は、自然人のほか、法人を受遺者とし
てすることができます。

(3)　遺贈義務者

遺贈の手続や行為を実行すべき義務を負う者を「遺贈義務者」といいます。
「遺贈義務者」となるのは、相続人ですが、遺言執行者がある場合には遺言
執行者（民法1012条2項）がその任にあたります。

2　遺贈の種類

(1)　特定遺贈と包括遺贈

遺贈には、特定遺贈と包括遺贈があります。

(a)　特定遺贈

特定遺贈は、受遺者に対して、特定の財産や財産的利益を無償で与えるも
のです（民法964条）。

特定の不動産や特定口座の預貯金債権が典型例です。遺贈の対象が特定さ
れていれば所有権だけでなく賃借権や地上権、地役権あるいは配偶者居住権
も遺贈することができます。また、受遺者が遺言者（遺贈者）に対して負担
していた債務を免除することも遺贈にあたります。

もし、このように特定の財産を譲りたい場合には、その特定の財産を遺言
の中で特定しておく必要があります。

【文例1──特定遺贈】

> ⅰ　遺言者は、遺言者の所有する次の土地を遺言者の甥○○○○（平成○年○
> 月○日生）に遺贈する。
> 所　　在　　　○○市○○町
> 地　　番　　　○○番
> 地　　目　　　宅地
> 地　　積　　　○○平方メートル
> ⅱ　私の宝石の一切は、姪である○○○○（平成○年○月○日生）に遺贈する。

(b)　包括遺贈

　包括遺贈は、遺贈の目的を特定せずに、遺産の全部または一定割合の遺産を無償で与えるものです（民法964条）。そして、包括遺贈を受けた受遺者は、相続人と同一の権利義務を有し（同法990条）、債務も承継するとされています。

　包括遺贈のうち、遺産全部という形の包括遺贈を全部包括遺贈といいます。たとえば、Aに全部の財産を譲りたい場合は、「全財産を、Aに遺贈する」などの遺言がこれにあたります。

　これに対して、何分の1ずつなどの割合を定めて遺贈する方法を、割合的包括遺贈といいます。たとえば、A、B、Cの3人に、1対1対2の割合で財産を譲りたい場合は、「Aに4分の1、Bに4分の1、Cに4分の2の割合で遺贈する」などの遺言をすることになります。

【文例2──全部包括遺贈】

> 　遺言者は、遺言者の所有する財産の全部を、遺言者の甥である○○○○（平成○年○月○日生）に包括して遺贈する。

【文例3──割合的包括遺贈】

> 　遺言者は、遺言者の所有する財産のうち3分の1の割合の財産を、遺言者の姪である○○○○（平成○年○月○日生）に遺贈する。

(2)　条件付遺贈

　条件付遺贈は、受遺者に対して、停止条件や解除条件を付けて、財産を無償で与えるものです。

　停止条件を付けた場合、遺言者の死亡後に条件が成就したときは、条件成就のときから遺言の効力が生じますが（民法985条2項。なお同法127条1項参照）、死亡前に条件が成就していたときは遺言者の死亡の時に効力が生じます（同法131条1項）。

　解除条件を付けた場合、遺言者の死亡後に条件が成就したときは、その時

から遺言の効力を失いますが（民法127条2項）、死亡時に条件が成就していたときは無効な遺言となり（同法131条1項）、また死亡時に不成就が確定していたときは無条件の遺言となります（同条2項）。

【文例4──停止条件付遺贈】

> 遺言者は、次の遺言者名義の預金を、遺言者の甥である○○○○（平成○年○月○日生）に、甥が○○大学を卒業することを条件として遺贈する。
> ○○銀行○○支店・普通預金・口座番号「○○○○」

【文例5──解除条件付遺贈】

> 遺言者は、遺言者の所有する次のマンションを、遺言者の姪である○○○○（平成○年○月○日生）に、姪が○○大学を卒業するまで婚姻しないことを条件として遺贈する。

(3) 期限付遺贈

期限付遺贈は、受遺者に対して、一定の期限を設けて、財産を無償で与えるものです。期限が到来したときから遺言の効力を生じます。

【文例6──期限付遺贈】

> 遺言者は、次の遺言者名義の預金を、遺言者の姪である○○○○（平成○年○月○日生）に、姪が満20歳に達したときを期限として遺贈する。

(4) 負担付遺贈

負担付遺贈は、受遺者に対して、一定の法律上の義務を負担させたうえで財産を与えるものです（民法1002条）。負担付遺贈においては、受遺者は法律上の義務を負います。しかし、受遺者がその負担を履行しないからといって当然に遺贈の効力が失われるわけではなく、受遺者は遺贈の対象となる財産を取得することができます。

ただし、受遺者が負担を履行しないときは、相続人としては、相当期間を定めて履行の催告をして、それでも履行がないときには、負担付遺贈にかかる遺言の取消しを家庭裁判所に請求することができます（民法1027条）。

　なお、負担付遺贈の場合は、「遺贈の価額を超えない限度においてのみ、負担した義務を履行する責任を負う」とされています（民法1002条1項）。

【文例7──負担付遺贈】

> 　遺言者は、遺言者の所有する次のマンションを、遺言者の姪○○○○（平成○年○月○日）に遺贈する。ただし、姪は、遺贈を受ける負担として、遺言者の長男○○○○が満20歳に達した日の属する月まで、長男に対して生活費として毎月末日限り月額○○円を支払わなければならない。

③　遺贈の効力

⑴　権利の移転

　遺言は、遺言者の死亡の時からその効力を生じます（民法985条1項）。

　したがって、特定遺贈の場合には、遺言者の死亡と同時にその特定の財産の所有権が受遺者に移転します。ただし、特定遺贈の対象が不特定物であった場合（たとえば、遺言者の所有する精米1万俵のうちの5000俵を遺贈するという場合）、遺贈義務者が5000俵を1万俵から取り分けた時に遺贈の対象が特定されて受遺者に所有権が移転することになります。

　また、包括遺贈においても、全部包括遺贈の場合には、遺言者のすべての財産が遺言者の死亡と同時に包括受遺者に移転します。

　これに対して、割合的包括遺贈の場合には、包括受遺者は遺産全体に対する一定割合を取得するだけですので、遺言者の死亡と同時に具体的な財産が包括受遺者に移転するわけではありません。この場合、相続人や他の包括受遺者との間で、遺産分割をすることによって、個々の具体的な財産を取得することになります。

⑵　権利の取得と対抗要件

　前述のとおり、遺贈の手続や行為を実行すべき遺贈義務者（相続人や遺言執行者など）がその義務を負います。

　不動産の場合、遺贈の登記を行うには、受遺者と相続人と共同申請で行う

必要がありますが、遺言執行者が定められていれば、受遺者と遺言執行者が共同で申請することになります。したがって、遺言書の中で、受遺者を遺言執行者と定めておけば、その者は両方の立場で登記申請が可能です。

　遺言者が死亡した場合に、相続人や受遺者あるいは第三者との間で、権利が衝突する場合があります。たとえば、相続人の1人に対する債権者が特定遺贈の対象となっている不動産を差し押さえた場合です。

　このような場合、差し押さえた債権者と受遺者はどちらが優先するのでしょうか。

　民法899条の2第1項は、相続による権利の承継は遺産の分割によるものかどうかにかかわらず、法定相続分を超える部分については、登記、登録その他の対抗要件を備えなければ第三者に対抗することができないと規定していますので、特定遺贈の場合も包括遺贈の場合も、対抗要件を備えなければ権利の取得を第三者に対抗することができません。

　したがって、上記の例で、受遺者が不動産の所有権登記を経ていないうちに差押債権者が不動産の差押え登記を経由してしまいますと、受遺者は差押債権者に対抗できず、不動産を取得することができなくなります。

(3)　遺贈の放棄と失効

　前記のように特定遺贈と全部包括遺贈の場合には遺言者の死亡により直ちに受遺者に権利が移転しますが、受遺者はいつでも遺贈を放棄することができます（民法986条1項）。そして受遺者が遺贈の放棄をすると、遺言者の死亡の時にさかのぼって遺贈の効力が生じなかったことになります（同条2項）。

　ただし、包括遺贈の場合、受遺者は相続人の同一の権利義務を有することから（民法990条）、相続放棄と承認に関する規定が準用されますので、包括遺贈を放棄するためには3カ月間の熟慮期間内に家庭裁判所に相続放棄の申述受理申立てを行う必要があります（同法915条・938条）。

　また、遺言者が死亡する以前に受遺者が死亡した場合には遺贈の効力が失

われます（民法994条）。つまり、受遺者の相続人が受遺者の地位を受け継いで（代襲して）権利を取得することはできません。このような場合に備えて、遺言書には「遺言者の死亡以前に受遺者が死亡したときは、これを受遺者の子に遺贈する」と書いておけば受遺者が先に死亡した場合にその子が権利を取得することができます。

　以上のように、遺贈の放棄がされたときや遺贈が効力を生じないときは、遺言書に特に定めがある場合を除いて、受遺者が取得すべき財産は相続人に帰属することになります（民法995条）。

（長濱晶子）

Q41 相続分の指定

> 私には妻と長男、二男がいます。しかし、私が死亡したときには、私の事業を承継する長男のことを考えて、私の財産の2分の1を長男に相続させたいと思っています。このような遺言をすることができるでしょうか。このとき妻と二男の相続分はどのようになるのでしょうか。また私の借金はどのようになりますか。

▶▶▶ Point

① 遺言者は、遺言で、法定相続分に関する規定とは異なった相続分を指定することができます。これにより共同相続人は指定された相続分（指定相続分）に従って包括的に遺産を承継します。

② 相続分を指定した遺言がなされた場合には、共同相続人は、遺言者の死亡により指定相続分に応じて遺産を共有することになり、この相続分を前提に、特別受益や寄与分を考慮して遺産分割が行われることになります。

③ 相続分の指定があれば、共同相続人間においては、相続人は積極財産だけでなく、相続債務（借金）も指定された割合に応じて承継すると解されます。もっとも、相続債権者は法定相続分に従った請求も指定相続分に従った請求も選択的にすることができます。ただし、いったん指定相続分に従って請求した場合には法定相続分の割合による請求はできなくなると解されます。

1 指定相続分の意義

遺言者は、法定相続分および代襲相続人の相続分の規定にかかわらず、遺言で、共同相続人の相続分を定めることができます（民法902条1項本文前

段）。たとえば、遺言者が妻Aと子B、Cにつき、「A、B、Cの相続分を各
3分の1ずつとする」と遺言する場合です。また、遺言者は、遺言で、共同
相続人の相続分を定めることを第三者に委託することもできます（同項本文
後段）。ただし、受託者には受託を拒絶する自由があります。なお、共同相
続人を受託者とすることはできないと解されています。

　もっとも、相続分の指定により遺留分が侵害されることがありますので、
この場合には指定相続分により遺留分を侵害された相続人は侵害者に対して
遺留分侵害額請求をすることができます。

【文例──相続分の指定を定める遺言】

> 遺言者は、次のとおり相続分を指定する。
> 　妻　　　○○○○（昭和○年○月○日生）　　6分の2
> 　長男　　○○○○（平成○年○月○日生）　　6分の3
> 　二男　　○○○○（平成○年○月○日生）　　6分の1

2　相続分の指定の効果

(1)　指定相続分の割合による遺産共有

　相続分を指定した遺言がなされた場合には、共同相続人は、遺言者の死亡
により指定相続分に応じて遺産を共有することになります。

　したがって、共同相続人が個々の財産を取得するためには遺産分割手続が
必要となります。物権法上の共有物分割手続（民法256条以下）ではありませ
ん。そして、共同相続人中に特別受益がある人や寄与分がある人がいる場合
には、それらによって指定相続分が修正されて各共同相続人の具体的相続分
が算定され、それに基づき遺産分割をすることになります。

(2)　一部の相続人に対する相続分の指定

　一部の相続人についてのみ相続分を指定している場合はどのようになるの
でしょうか。

　このような遺言も有効です。民法902条2項は、一部の相続人に対しての

み相続分の指定がある場合には、指定のない他の共同相続人の相続分は、法定相続分に従うこととしています。

　たとえば、遺言者に、長男、二男、三男がいる場合に、遺言で長男の相続分を2分の1と指定したとき、長男：2分の1、二男・三男：2分の1×2分の1＝各4分の1となります。

　また、遺言者に、妻、長男、二男、三男がいる場合に、遺言で長男の相続分を3分の1と指定したときは、長男：3分の1、妻：（1－3分の1）×2分の1＝3分の1、二男・三男：（1－3分の1）×4分の1＝各6分の1となります。

(3) 指定相続分による相続債務の帰属

　それでは相続分の指定があった場合、相続債務はどのようになるのでしょうか。

　相続分の指定があれば、相続人は積極財産だけでなく、相続債務も指定された割合に応じて承継されます。ただし、相続分の指定は相続債権者には対抗できず、債権者は、法定相続分に従って各共同相続人に請求することができます（民法902条の2本文）。したがって、共同相続人内部においては指定相続分の割合で債務が承継されますが、相続債権者には指定相続分を主張することはできないことになります。もっとも、相続債権者のほうから積極的に相続分の指定の効力を承認して各共同相続人に対し指定相続分に応じた請求することもできます（同条ただし書）。なお、いったん指定相続分に従った請求をした場合には法定相続分の割合による請求はできなくなると解されます。

③ 設問の場合

　長男に対して遺産全体の2分の1を相続させる内容の遺言は相続分の指定があったものと認められますので有効な遺言です。

　そして、長男以外の相続人については、残りの遺産を法定相続分の割合で

取得しますので、妻は2分の1×2分の1＝4分の1、二男も2分の1×2分の1＝4分の1の割合で遺産を取得することになります。

　また、借金（負債）については、共同相続人内部においては、長男2分の1、妻と二男がそれぞれ4分の1の割合で債務を承継することになります。もっとも債権者としては、法定相続分に従って請求することもできますし、上記の割合で請求することもできます。

（仲隆）

Q42 特定財産承継遺言

> 私には妻と長男がいます。妻と長男はあまり仲がよくないため、私の死後に遺産について妻と長男で話合いをしなくてすむよう、妻が自宅と預貯金を取得し、長男が賃貸マンションを取得する遺言書をつくりたいと思います。このような遺言はできますか。

▶▶▶ Point

① 遺言により、遺産をどのように分割するかあらかじめ指定することができます。

② 遺産分割方法の指定として、遺産に属する特定の財産を特定の相続人に承継させる遺言を、特定財産承継遺言といいます。

③ 特定財産承継遺言により不動産を取得する場合、取得する相続人あるいは遺言執行者は、遺言者が亡くなった後、速やかに遺言書の内容に沿った登記をする必要があります。

④ 特定財産承継遺言により預貯金を取得する場合、取得する相続人あるいは遺言執行者は、金融機関に対し、遺言者が亡くなった後、速やかに遺言書を示して遺言書の内容を通知する必要があります。

1 特定財産承継遺言の意義と効果

　被相続人が残した遺産をどのように分割するかについては、遺言書がなければ、相続人全員での協議で決めることになります。この協議を、遺産分割協議といいます。

　しかし、被相続人が生前に遺言書を作成することにより、どのように遺産を分割するかをあらかじめ遺言書で指定することができます。これを遺産分

割方法の指定といいます。

　そして、遺産分割方法の指定として、遺産に属する特定の財産を、特定の相続人に承継させる遺言を、特定財産承継遺言といいます（民法1014条2項）。特定の財産を特定の相続人に「相続させる」旨の遺言は実務上よく行われており、この「相続させる」旨の遺言は原則として特定財産承継遺言と解されます。

　設問のような場合、自宅と預貯金については妻に相続させ、賃貸マンションについては長男に相続させる旨の遺言書を作成するのがよいでしょう。特定財産承継遺言がなされた場合、何らの行為を要さずに、被相続人の死亡時に直ちに当該財産が当該相続人に相続により承継されることになるため、そのような遺言書を作成すれば、妻と長男とで遺産分割協議をすることなく、妻が自宅および預貯金を、長男が賃貸マンションを相続により取得することになります。

【文例──土地の特定財産承継遺言】

> 　遺言者は、遺言者の所有する次の土地を遺言者の妻○○○○（昭和○年○月○日生）に相続させる。
>
> 　所　　在　　　　○○市○○町○丁目
> 　地　　番　　　　○○番
> 　地　　目　　　　宅地
> 　地　　積　　　　○○平方メートル

② 相続開始後にとるべき措置

(1) 不動産

　上記のとおり、特定財産承継遺言がなされた場合、被相続人の死亡時に直ちに当該財産が当該相続人に相続により承継されることになります。

　しかし、民法899条の2第1項において、相続による承継は、法定相続分を超える部分については、対抗要件を備えなければ第三者に対抗できないと

定められています。

　つまり、設問の場合において、妻に自宅不動産と預貯金のすべてを相続させる旨の遺言をした場合、遺言者の死亡時に直ちに妻は自宅不動産と預貯金のすべてを相続により承継取得することになりますが、妻の法定相続分である2分の1を超える部分については、登記などの対抗要件を備えていないと、第三者に対抗できないことになります。

　たとえば、遺言者の死亡後に、長男の債権者が自宅の差押えをした場合、自宅の2分の1の持分（すなわち妻の法定相続分である2分の1を超える部分）については、特定財産承継遺言よりも差押えが優先されてしまい、強制競売手続が進められてしまうことになります。

　このようなことが起きないよう、特定財産承継遺言により財産を取得する場合、遺言者の死亡後、速やかに対抗要件を備える必要があり、妻が自宅を、長男が賃貸マンションを特定財産承継遺言により取得した場合はそれぞれ相続登記を行う必要があります。

(2)　預貯金

　特定財産承継遺言により預貯金を取得した場合、取得した相続人あるいは遺言執行者から金融機関に対し、遺言の内容を明らかにして承継の通知をすることにより対抗要件を備えることができますので（民法899条の2第2項・1項・1014条2項）、特定財産承継遺言により預貯金を取得した妻あるいは遺言執行者は金融機関に対して遺言の内容を明らかにして承継の通知を行う必要があります。

　なお、相続人は、遺産分割協議が整う前でも、一定額を限度に遺産に属する預貯金債権を行使できるものとされています（民法909条の2）。設問の場合において特定財産承継遺言により妻にすべての預貯金を相続させても、金融機関が遺言の内容を知らない場合、長男が預貯金の一部を引き出すということが生じ得ますので、そのようなことが起こらないようにするためにも、妻あるいは遺言執行者は金融機関に対し、遺言者の死後、速やかに遺言の内

容を明らかにして承継の通知をする必要があります。

（佐藤正章）

Q43　遺言書の保管制度

遺言書の保管制度が創設されるという話を聞きましたが、どのような制度でしょうか。その保管制度にはどのようなメリットがあるのでしょうか。

▶▶▶ Point

① 従来、自筆証書遺言をした場合、作成した遺言書を遺言者または遺言者から委託された者において保管をする必要がありましたが、法務局で保管する制度が新たに創設されました。

② 自筆証書の遺言書の保管制度を利用することにより、自筆証書遺言の紛失偽造、相続人が自筆証書遺言に気づかないこと等のリスクの軽減が見込まれます。

③ 自筆証書の遺言書の保管制度を利用した場合、家庭裁判所における検認を行う必要はありません。

1　従来の自筆証書遺言の問題点と保管制度の創設

　自筆証書遺言は、自書することさえできれば遺言者自身のみで行えるものです。その反面、自筆証書遺言は作成や保管について第三者の関与が不要であるため、遺言書を紛失してしまうリスクがありますし、その遺言書を誰が作成したかについて相続人間で紛争が生じてしまうリスクもあります。また、遺言者が死亡した後も、遺言者が行った自筆証書遺言に相続人が気づかないままとなってしまうリスクもあります。

　そこで、第三者が関与することなく遺言者のみで行えるという自筆証書遺言のメリットを損なうことなく、他方で上記の紛失等のリスクを軽減するた

めに、遺言書保管法が新たに制定され、自筆証書で作成された遺言書を保管
する制度が創設されました。

2　遺言書の保管制度の概要

(1)　保管制度の対象となる遺言書

遺言書保管法により保管の対象となる遺言書は、自筆証書によってした遺
言書で、無封のものに限られます（同法4条2項）。

無封の遺言書に限られている理由は、法務局において、①作成した遺言書
が民法968条に定められている方式に適合するか否かについて外形的な確認
を行うこと、②遺言書の作成名義人と、遺言書の保管申請をする者との同一
性の確認を行うこと、③遺言書の画像情報等を記録することを可能にするこ
とにあります。

(2)　自筆証書遺言の保管申請

遺言書を保管する法務局は、法務大臣が指定する法務局ですが（遺言書保
管法2条1項）、遺言書の保管の申請を行う場合、この内遺言者の住所地もし
くは本籍地または遺言者の所有する不動産の所在地を管轄する法務局に申請
をすることになります（同法4条3項）。

遺言書の保管の申請は、遺言者自らが法務局に出頭して行わなければなら
ず（遺言書保管法4条6項）、代理人による申請はできません。

(3)　自筆証書遺言の保管方法

保管申請された遺言書は、法務局の施設内において保管されることになり
ます（遺言書保管法6条1項）。遺言書その物のほか、遺言書の画像情報や、
遺言者の住所・氏名、生年月日等の情報が保管されることになります。これ
により、遺言書を紛失してしまうリスクや、その遺言書を誰が作成したかに
ついて相続人間で紛争が生じてしまうリスク等の軽減が見込まれます。

法務局において遺言書が保管されることとなった場合、遺言者が生存して
いる間、遺言者は法務局において、保管されている遺言書をいつでも閲覧す

ることができます（遺言書保管法6条2項）。これに対し、遺言者以外の者は
いかなる情報も得ることができません。

　また、遺言者の生存中、遺言者はいつでも保管申請を撤回することができ
ます（遺言書保管法8条1項）。保管申請が撤回されたときは、保管されてい
た遺言書の返還を受けることになるほか、当該遺言書にかかる情報が消去さ
れることになります。この保管申請の撤回も遺言者が自ら出頭して行わなけ
ればならず（同条3項）、代理人が行うことはできません。

⑷　遺言者死亡後の取扱い

　遺言者が死亡した場合、相続人等は、法務大臣が指定する法務局において、
保管されている遺言書の閲覧を請求できるほか（遺言書保管法9条3項）、保
管されている事項について証明する書面（これを「遺言書情報証明書」といい
ます）の交付を受けることができます（同条1項）。従来、相続人等は、自筆
の遺言書の存在を遺言者から伝えられていない場合、自宅等を探すことが必
要になりましたが、法務局において保管されている場合は、法務大臣が指定
する法務局にて申請して遺言者が作成した遺言書が法務局に保管されている
か否かを確認すればよいため、相続人が自筆証書遺言に気づかないままとな
ってしまうリスクの軽減が期待できます。

　また、従前、遺言者が死亡した後の不動産や預貯金、有価証券の名義変更
等は、家庭裁判所において検認手続を行った後に検認済みの遺言書を用いて
行われていましたが、法務局に保管されている遺言書については検認を行う
必要はありません（遺言書保管法11条、民法1004条1項）。法務局にて保管さ
れていた遺言書の場合は、法務局で交付された証明書を用いて不動産や預貯
金、有価証券の名義変更等を行うことになります。

（佐藤正章）

Q44　自筆証書遺言の方式と作成上の注意点

> 　自分で遺言書をつくろうと思っています。厳格な方式が定められているとのことですが、その中身があまりよくわかりません。自筆証書遺言の方式と作成上の注意点を教えてください。

▶ ▶ ▶ Point

① 　自分で遺言書を作成するためには、遺言者が遺言書の全文、日付および氏名を自分で書き、これに押印する必要があります（ただし、相続財産の全部または一部の目録について例外があります）。

② 　遺言書は、用紙、筆記具、表題、書き方、数字の表記、内容（対象の特定）、封入と封印等に注意して作成しましょう。

③ 　遺言書に書き間違いがあれば訂正することもできますが、訂正する場合も厳格な方式が定められています。

1　自筆証書遺言の方式

(1)　総　論

　自筆証書遺言によって遺言をするには、遺言者自身が遺言書の全文、日付および氏名を自書し、これに押印する必要があります（民法968条1項）。

　遺言書が2枚以上になる場合でも、一通の遺言書として作成されたものであることが確認されれば、その一部に日付、署名、押印がなされていれば有効となります。2枚以上になる場合は、ステープラーかのりで綴じて契印を押すのがよいでしょう。

(2)　自ら手書きすること（自書）

　代筆による遺言書は無効です。

　手書きをせずにワープロやパソコンで作成した遺言書も無効です。

　ただし、自筆証書に添付する財産目録については、例外的にパソコン等で作成することが可能です。もっとも、財産目録の各ページに署名押印する必要があります（民法968条2項）。

　「自書」は自筆証書遺言の本質的要素とされているため、「自書」かどうかは厳格に判断されます。いわゆる他人が「添え手」により補助して作成した遺言は、遺言者が自筆能力を有し、遺言者が他人の支えを借りただけであり、かつ、他人の意思が介入した形跡がないという要件の下で有効とされる場合があります（最高裁昭和62年10月8日判決・民集41巻7号1471頁）。

　「自書」の要件は、遺言者がけがや病気で字が書けない状態にあっても適用されます。けがや病気で字が書けないからといって、録音テープやビデオテープの録画を残したとしても、遺言としての効力は認められません。このような場合には、公正証書遺言を作成する方法があります。

⑶　日　付

　日付は、手書きで具体的な年月日を記入する必要があります。日付を、「令和○○年○○月『吉日』」と書いた場合、日にちが特定できないため、それだけでせっかくの遺言書が無効となります（最高裁昭和54年5月31日判決・民集33巻4号445頁）。

⑷　押　印

　署名とあわせて押印しなければなりません。

　押印は拇印・指印でもよいと判断した裁判例はありますが（最高裁平成元年2月16日判決・民集43巻2号45頁）、遺言者本人の拇印・指印であることを証明することは難しいことから、印章による押印をすることが望まれます。印は三文判でも構いません。

2　作成上の注意点

⑴　用紙、筆記具

⒜　用　紙

遺言書を作成する用紙について法律上の制約はありません。たとえば、広告の紙の裏に書いたとしても、遺言書として有効です。ただし、遺言書の下書きの原稿にすぎないとも受け取られかねませんので避けるべきでしょう。

⒝　筆記具

筆記具についても法律上の制約はありません。ボールペン・サインペン・万年筆・筆等何でも構いません。ただし、鉛筆や「消せるボールペン」は、変造される危険が高いので使用しないでください。

⑵　表題、書き方、数字の表記、内容（対象の特定）

⒜　表　題

「遺言」「遺言書」などの表題がなくても遺言書として有効ですが、表題を付けたほうが明確です。

⒝　書き方

書き方は、縦書き、横書きのどちらでも構いません。

⒞　数字の表記

数字の表記は、アラビア数字（1、2、3……）でも漢数字（一、二、三……）のどちらでも構いません。ただし、不動産の表示や金額の数字については、変造されないように「壱、弐、参……」の多画漢数字を使うとよいでしょう。

⑶　内容（対象の特定）

「誰」に「何」を相続させるか（遺贈するか）、きちんと特定して書く必要があります。特に不動産（土地建物）を遺言の対象とする場合、後々の所有権移転登記手続にも配慮して、不動産の記載を、住居表示上の住所で表示するのではなく、不動産登記事項証明書に記載されている表示に従って記載す

ることが望ましいでしょう。

⑷ 封入と封印

法律上要求されているわけではありませんが、遺言書を書き終えたら、遺言書を封筒に入れて封をし、遺言書の押印に用いた印章で封印をしましょう。さらに、封筒の表に遺言書と記載し、裏に作成日と署名・押印をしておくとよいでしょう。

3 遺言書の訂正

遺言書に書き間違いがあった場合、訂正をすることもできますが、変造を防止するため、厳格な方式に従って訂正することが要求されています（民法968条3項）。何行目のどの字をどのように変更したのかを遺言書の余白に書き、変更を指示した箇所に、そのつど署名をしなければなりません。そのうえで書き間違い部分を訂正し、訂正部分に押印します。訂正方法はこのように厳格ですので、最初から書き直したほうが無難です。

（藤﨑太郎）

Q45　公正証書遺言の方式と方法

> 遺言をするなら公正証書遺言がいいよと知人からアドバイスされました。公正証書遺言とはどのようなものですか。公正証書遺言をするには、どこに行ってどのようなことをする必要がありますか。

▶ ▶ ▶ Point
① 公正証書遺言は、証人2人以上の立会いの下、遺言者が遺言の趣旨を公証人に口授し、公証人が遺言者の口授を筆記してこれを遺言者および証人に読み聞かせ、または閲覧させ、遺言者および証人が筆記の正確なことを承認した後、各自署名・押印したうえ、公証人がかかる方式に従って作成した旨を付記して署名・押印する、との方式でする遺言です。
② 公正証書遺言は、証人2人立会いの下、公証人が遺言者の意思を確認したうえ、公証人によって明確に効力を生ずる遺言内容が記載されるという点で、遺言の効力が後々問題となる危険性が低いといえる等のメリットがあります。
③ 公正証書遺言は、公証役場でするケースが多いですが、遺言者の自宅や遺言者が入院している病院等の公証役場以外の場所においてもすることは可能です。
④ 公証人に事前連絡・相談し、公証人のアドバイスに沿って対応することで、効率的に公正証書遺言をすることができます。

① 公正証書遺言の方式

　公正証書遺言は、証人2人以上の立会いの下、遺言者が遺言の趣旨を公証人に口授し、公証人が遺言者の口授を筆記してこれを遺言者および証人に読

み聞かせ、または閲覧させ、遺言者および証人が筆記の正確なことを承認した後、各自署名・押印したうえ、公証人がかかる方式に従って作成した旨を付記して署名・押印署名・押印する、との方式でする遺言です（民法969条）。

　遺言者が上記方式に沿って遺言することを「公正証書遺言（をする）」、公証人が上記方式に沿って遺言書を作成するものを「遺言公正証書（を作成する）」と使い分けるのが正確であるといえますが、同一の意味として使われる場合も少なくないようです。

　公正証書遺言は、口がきけない方でも、遺言の趣旨を通訳人の通訳により申述し、または自書して「口授」に代えることですることができます。また、遺言者または証人が耳が聞こえない方である場合でも、公証人が、筆記した内容を通訳人の通訳または閲覧により遺言者または証人に伝えて読み聞かせに代えることにより、公正証書遺言をすることができます（民法969条の2）。

2 公正証書遺言の長所と短所

⑴　長　所

　公正証書遺言は、証人2人立会いの下、公証人が遺言者の意思を確認したうえ、公証人によって明確に効力を生ずる遺言内容が記載されるという点で、遺言の効力が後々問題となる危険性が低いといえます。また、公正証書の原本は公証役場に保管されますので、遺言作成後に改ざんされる心配もありません。なお、公正証書遺言は家庭裁判所での検認手続が不要とされています。

⑵　短　所

　公正証書遺言の長所の裏返しともいえますが、公正証書遺言は、前記①の方式に従ってする必要があることから、手間と時間がかかる点、所定の費用がかかる点（後記③⑶）、さらに、公証人や2人以上の証人に遺言の内容を知られてしまう点などがあげられます。

③　公正証書遺言の方法

⑴　場　所

　公正証書遺言をするためには、遺言者、公証人および2人以上の証人が一堂に会する必要がありますが、その場所が公証役場でなければならないということではありません。公証役場に出向くケースが多いと思われますが、たとえば、遺言者の自宅や遺言者が入院している病院等の公証役場以外の場所においても、公正証書遺言をすることは可能です。

⑵　方　法

　一般的な流れは、公証人が、事前に、遺言書または遺言者の依頼を受けた近親者などから遺言をしたい旨およびその内容（遺言の趣旨）を聞き取り（ファクシミリやメール等でやりとり）、これを筆記したうえ、遺言者と面談し、筆記の内容と遺言者の口授が同一であることを確認し、遺言者や証人に読み聞かせて、筆記の正確なことの承認、署名を経て遺言書を完成させるというものです。

　そこで、公正証書遺言をする場合、まずは、公証人に事前連絡・相談することをおすすめいたします。公証人のアドバイスに沿って対応することでより効率的に公正証書遺言をすることができます。

　なお、公証役場以外の場所で公正証書遺言をする場合には、段取り等も調整しておく必要がありますので、むしろ、公証人への事前相談が必須ということになります。

⑶　費　用

　遺言公正証書の作成の費用は、公証人手数料令という政令で法定されています。

法律行為の目的の価額	手数料
100万円以下	5000円
100万円を超え200万円以下	7万000円
200万円を超え500万円以下	1万1000円
500万円を超え1000万円以下	1万7000円
1000万円を超え3000万円以下	2万3000円
3000万円を超え5000万円以下	2万9000円
5000万円を超え1億円以下	4万3000円
1億円を超え3億円以下	4万3000円に超過額5000万円までごとに1万3000円を加算した額
3億円を超え10億円以下	9万5000円に超過額5000万円までごとに1万1000円を加算した額
10億円を超える場合	24万9000円に超過額5000万円までごとに8000円を加算した額

（公証人手数料令9条別表）

　遺言公正証書を作成してもらう場合の「法律行為の目的の価額」とは、公証人が証書の作成に着手したときの遺言の目的（遺産）の価額（時価）のことをいいます。遺言の場合、遺言加算として、遺言の目的の価額が1億円に満たないときは、上表の金額に1万1000円が加算されます。このほか、正本等の交付手数料や証書の枚数に応じた手数料加算、公証役場以外の場所で作成するときは、手数料加算、出張日当、旅費・交通費（実費額）がかかる場合があります。公証役場によって、算定の仕方が異なるケースもあるようです。

　遺言公正証書の作成費用については、公証役場に事前に確認するようにしてください。

（藤﨑太郎）

第9章

遺言の効力

Q46　「全財産を長男に任せる」という遺言は有効か

　父が死亡しました。遺産として不動産や預金があります。長男である私は父から自筆の遺言書を託されていたので遺言書の検認手続を済ませましたが、「私の全財産を長男に任せる」という遺言でした。ところが、法務局も銀行もこれでは相続手続を認めることはできないというのです。遺言は無効なのでしょうか。

▶ ▶ ▶ Point

① 遺言書の内容が不明確な場合、遺言者の意思を尊重して、その真意を探究しながら、遺言内容を合理的に解釈して遺言の効力を判断します。

② ①の作業を「遺言の解釈」といいますが、判例上、遺言の解釈にあたって、いくつかの指針が打ち出されています。

③ 遺言の文言だけから有効・無効を決めるべきではありません。

1　遺言の解釈の指針

　遺言書には、遺言内容が不明確な場合があります。しかし、民法の定めた方式に従って作成され、遺言能力もあり、その他に特に無効原因も見当たらない場合に、遺言の文言が不明確だからというだけで遺言を無効であると判断すべきではありません。遺言は遺言者の最終意思ですから、その意思を尊重して遺言内容を確定することが望ましいといえます。そこで、遺言の解釈という問題が出てきます。遺言の解釈は、「遺言者の真意の探究」という点に尽きると思いますが、以下、遺言の解釈にあたって、最高裁判所が指摘する指針を整理します。

⑴　できる限り有効なものとして解釈すること

遺言は相手方のない単独行為ですので、契約のような相手方の存在がありません。そこで、相手方の信頼保護や取引の安全を考慮する必要がないことになります。このような観点から、もっぱら遺言者の意思を尊重して、その意思を合理的に解釈し、可能な限り有効となるように解釈することが望ましいと考えられています。

⑵　できる限り遺言書の記載自体から遺言者の意思を合理的に解釈すること

遺言書は厳格な要式に従って作成されるものです。したがって、遺言者の真意を探究することが重要であるとしても、第一義的には、遺言書の記載自体から遺言者の意思を合理的に解釈すべきであり、それができるにもかかわらず、あえて遺言者の記載からは読み取れない事情を考慮する必要はないといえます。

⑶　作成当時の背景事情や遺言者の状況などを考慮して遺言者の真意を探究すること

遺言書の記載自体から遺言者の意思を合理的に解釈することができない場合には、その記載文言を解釈するにあたって、遺言書の全記載との関連や遺言書作成当時の事情、あるいは遺言者のおかれた状況などを考慮して、遺言者の真意を探究し、遺言の趣旨を確定すべきです。

2　裁判例

⑴　最高裁昭和30年5月10日判決（民集9巻6号657頁）

「後相続はAにさせるつもりなり」「一切の財産はAにゆずる」という文言をAに対する遺贈の趣旨と解し、また、養女に「後を継す事は出来ないから離縁をしたい」の文言を相続人廃除の趣旨であると解した判例です。この結論を導くにあたって、「意思表示の内容は当事者の真意を合理的に探究し、できるかぎり適法有効なものとして解釈すべき」であり、「遺言についてもこ

れと異なる解釈をとるべき理由は認められない」、「遺言の真意が不明確であるともいえない」などと判示しています。

(2)　最高裁昭和58年3月18日判決（判時1075号115頁）

「不動産はYにこれを遺贈する」との条項があり、続けて「Yの死亡後はXらにこれを権利分割所有す。ただし、右の者らが死亡したときはその相続人が権利を承継す」という遺言書の条項があり、権利の帰属について複数の解釈が考えられた事案について、「遺言の解釈にあたっては、遺言書の文言を形式的に判断するだけではなく、遺言者の真意を探究すべきものであり、遺言書が多数の条項からなる場合にそのうちの特定の条項を解釈するにあたっても、単に遺言書の中から当該条項のみを他から切り離して抽出しその文言を形式的に解釈するだけでは十分ではなく、遺言書の全記載との関連、遺言書作成当時の事情及び遺言者の置かれていた状況などを考慮して遺言者の真意を探究し当該条項の趣旨を確定すべきものであると解するのが相当である」と判示しています。

(3)　最高裁平成5年1月19日判決（民集47巻1号1頁）

「遺産は一切の相續を排除し、全部を公共に寄與する」という文言の自筆遺言証書について、「遺言の解釈に当たっては、遺言書に表明されている遺言者の意思を尊重して合理的にその趣旨を解釈すべきであるが、可能な限りこれを有効となるように解釈することが右意思に沿うゆえんであり、そのためには、遺言書の文言を前提にしながらも、遺言者が遺言書作成に至った経緯及びその置かれた状況等を考慮することも許されるものというべきである」と判示し、遺言者としては、自らの遺産を法定相続人に取得させず、これをすべて公益目的のために役立てたいという意思を有していたことが明らかであるとし、公益目的を達成することのできる団体等にその遺産の全部を包括遺贈する趣旨であると解するのが相当であると結論づけています。

(4)　最高裁平成13年3月13日判決（判時1745号88頁）

「A所有の不動産である東京都○区○△丁目□番□号をXに遺贈する」と

記載された遺言書について、不動産が建物のみを指すのか、その敷地（本件土地）も含むのかが争われた事案で、「遺言の意思解釈に当たっては、遺言書の記載に照らし、遺言者の真意を合理的に探究すべきところ、……遺言書の記載自体から遺言者の意思が合理的に解釈し得る本件においては、遺言書に表われていない……事情をもって、遺言の意思解釈の根拠とすることは許されないといわなければならない」と判示して、遺言書の記載自体から合理的に判断して土地も含むものと結論づけています。

３　設問の場合

「私の全財産を長男に任せる」という文言では、直ちに長男に全財産を相続させると解釈することは困難だと思います。また、「任せる」という用語から、長男に相続分の指定（民法902条）を委託したと解釈すると、長男が相続分を自由に指定できるということになりますが、相続分の指定を第三者に委託することはできても相続人に委託することはできないと解されていますので、このような解釈も無理があるようです。

しかし、遺言書の記載自体から合理的に解釈することが困難であるとしても、前述の最高裁判所の判断の指針からすれば、遺言者である父の真意を探究するという視点をもって、長男に全財産を相続させる意思を有していたことが十分にうかがえるような背景事情があれば、そのような解釈も可能かも知れません。

法的手段としては、遺言の有効を前提に、他の共同相続人を被告として、不動産については所有権移転登記手続請求、預貯金については預貯金払戻請求権の確認請求などの訴訟を提起して解決を図るとよいでしょう。

（仲隆）

Q47 認知症の人が書いた遺言書

> 父が先日、そのすべての財産を父の妻（私の実母死亡後に婚姻）に相続させる、との内容の自筆証書遺言（満93歳時に作成）を残して95歳で死亡しました。相続人は、その後妻と、先妻の娘である私だけです。しかし、父は遺言作成当時、すでに認知症を患っており、老人ホームで生活していました。この遺言は無効ではないのでしょうか。

▶ ▶ ▶ Point

① 遺言が有効であるためには、遺言する人に遺言能力、すなわち「遺言時点で、遺言内容を理解し、遺言の結果を弁識し得るに足りる能力」を有していたことが必要とされます。

② 裁判上、遺言の有効性は問題となった事案ごとに個別具体的に諸般の事情（年齢、健康状態、前後の言動、遺言内容等）を考慮して、総合的に遺言能力の有無を判断している模様です。

1 遺言能力とは

「遺言する」行為は身分行為である一方、一定の法的効果を発生させる法律行為でもあるので、「遺言者は遺言をする時においてその『能力』を有しなければ」（二重カッコは筆者による）なりません（民法963条）。

この点、遺言できる「能力」について直接定義する明文はありません。しかし、満15歳になれば遺言をすることができる（民法961条）こと、および遺言は財産行為ではなく身分行為であり、取引上の行為能力まで求める必要はない（同法962条）ため、意思能力、すなわち「自分の行為の法的な結果を認識し、判断できる力」で足りるとされます。

　よって、遺言能力とは、上記意思能力に準じて、「遺言時点において、遺言内容を理解し、遺言の結果を弁識し得るに足りる能力」などと考えられています。

　その結果、いかに形式的に何の問題もない遺言（その典型は、公証人が、遺言者に対して直接その遺言意思や遺言の内容を確認するなどして作成する公正証書遺言でしょう）であっても、遺言時に遺言能力が欠如していれば、無効となり得ます。

２　遺言無能力の判断基準

　遺言能力は、形式上は有効に成立した遺言について事後的に問題とされて初めて問題となります。また、その判断は医学的生物学的要素によって一律に決めることはできず、最終的には法的判断に委ねられるので、遺言の有効無効が争われた裁判実務上、どのように判断されているかを検討することが必要です。

　そして、遺言能力が争われた裁判例を検討すると、判決文上の遺言能力の定義はさまざまでも、問題となった事案ごとに諸般の事情を考慮して総合的に意思能力の有無を判断している模様です。

　より具体的には、主に以下の項目が検討されているようです。

(1)　遺言者の年齢

　老化とともに脳も加齢変化することは医学的事実であり、高齢であればあるほど、遺言能力は認められにくくなります。

(2)　病状を含めた遺言者の心身の状況および健康状態とその推移

　裁判上、認知状態に関する医師の診断書があるほうが立証に有利です。しかし認知症であるとの認定が直ちに無効に直結するわけではありません。重度の認知症でなければ、正常に復する時間もあるからです。

　なお、問題となるのはあくまで判断能力ですので、身体的な疾病や負傷そのものが遺言能力に影響することはなく、その疾病ないし負傷が、判断能力

223

に影響を与えて初めて問題となります。また、要介護認定も、介護サービスの必要度を判断するものですので、その重さは、必ずしも遺言能力の判断に直結しません。

⑶ 発病時と遺言時との時期的関係

少なくとも現在のところ、アルツハイマー病等の認知症は加齢とともに不可逆的に進行する、とされていますので、遺言者の発病が遺言時からかなり以前であれば、認知症が進んでいたものと推認されやすくなります。

⑷ 遺言時およびその前後の遺言者の言動

遺言をするのに十分な判断能力があると推認されるような、しっかりした内容の発言や、手紙が残っていたりすると、遺言能力あり、と判断されやすくなります。また、公正証書遺言の場合、公証人は、遺言内容が遺言者の真意であるか、口頭で確認しますので、自筆証書遺言より、有効であると認められやすくなります。もっとも、しっかりとその内容を理解していないまま、公証人の面前ではうまく取り繕ってしまうこともあるので、公正証書遺言の遺言無効が認められた裁判例は少なくありません。

⑸ 日頃の遺言についての遺言者の意向

遺言者が遺言の前後の日常生活等において、遺言の内容と同じような意向を表明していたような事実があれば、有効性が認められやすくなります。

⑹ 遺言者と受遺者との関係

なぜこの人に、と思われるような相続人との関係が希薄な人に多くを相続させる内容であった場合、遺言作成に際して、それら受遺者から遺言者へ強い影響により作成されたのではないか、との疑念が生じやすくなります。

⑺ 遺言の内容

高齢者が単独で作成するには複雑な内容の遺言である場合、たとえば数十筆に及ぶ不動産や預金を相続人ごとに異なった比率での配分を定めたものは、無効が認められやすくなります。一方、「全財産を相続させる」などの単純な内容であれば、有効と判断されやすくなります。

3　設問の場合

設問に対しては、以下のようになると思われます。

① 90歳時点で、男性の約4割、女性の約6割が認知症であるという調査（平成23年～同24年にかけての調査）もあり、遺言時93歳であれば、意思能力も問題になり得ます。ただし、あくまで他の要素との総合判断になります。

② 医師による診断書は有力な判断材料ですが、ホームに入所していた点からは、同所での看護記録等から、お父さまの病状の進行が看取できるかもしれません。またお父さまが質問者や関係者に出した信書、メール、SNS等への投稿も参考資料となるでしょう。

③ お父さまの発病が遺言時よりかなり前であれば、無効に傾きやすいと思われますが、そのことのみで判断されるわけではありません。

④ 前述のように、老人ホームでの記録や、通信内容から、お父さまに十分な意思能力があったか、を判断します。

⑤ 従前お父さまが相続について表明していた意向が残っていれば証拠となり得ます。

⑥ 相続する配偶者が、単に入籍されていたというだけで、お父さまとの生活の実態がないような例外的場合は、無効判断につながりやすくなるでしょう。

⑦ 全財産を配偶者に相続させるという内容は、複雑な内容とはいえないため、この点は遺言無効と判断する材料になり得ません。

（渡瀬耕）

Q48　不倫相手への遺贈と公序良俗違反

　夫は5年前に家を出て不倫相手の女性と暮らしていましたが、最近、夫が亡くなり、その女性が夫の遺言を見せて、私の住んでいる家も含めてすべての財産を遺贈によって取得したといってきました。夫は、家を出てしばらくして遺言をしていますが、このような遺言は有効でしょうか。

▶▶▶ Point
① 　遺言にも民法90条（公序良俗違反）が適用されます。
② 　遺言が公序良俗に違反して無効となるかどうかは、遺言者夫婦の関係、女性との交際状況、遺贈の時期、遺贈額、相続人に対する影響その他の諸事情を総合考慮して判断します。

1 　遺言への民法90条（公序良俗）の適用の可否

　遺言は、遺言者の死亡の時から効力を生じますが（民法985条1項）、遺言も法律行為なので、遺言の性質に反しない限り、民法の法律行為（第5章）の規定が適用されます。

　たとえば、錯誤（民法95条）、詐欺（同法96条）の規定は、遺言にも適用されますが、遺言は、遺言者の死後の身分上・財産上の法律関係を定める最終の意思表示なので、遺言者の意思を尊重する観点から代理に関する規定は適用されません。また、遺言は、相手方のない一方的かつ単独の意思表示なので、相手方の存在が予定される規定（同法94条（虚偽表示）、97条（意思表示の効力発生時期等）等）は適用されません。

　公序良俗（民法90条）は、遺言の性質に反するものではないので、遺言に

も適用され、公序良俗に反する場合には、遺言は無効になります。

2　公序良俗違反による遺言無効の判断基準

　公序良俗違反による遺言無効の判断基準について、最高裁判所は、妻子ある男性が不倫で半同棲の関係にあった女性に遺産の3分の1を遺贈する遺言をしたのに対し、妻と子が公序良俗違反による遺言の無効確認を求めた事案で、遺言者夫婦の関係、女性との交際状況、遺贈の時期、遺贈額、相続人に対する影響その他の諸事情を総合考慮して遺言が公序良俗に違反して無効となるかどうかを判断するとしています（最高裁昭和61年11月20日判決・民集40巻7号1167頁）。

　したがって、遺言が公序良俗違反により無効か否かは、これらの事情を総合考慮して判断します。

3　遺言が無効とされた事案

　遺言が公序良俗違反により無効とされた事案には、次のようなものがあります。

　①　当時50歳の夫が不倫関係にあった34歳の女性に、知り合って3年くらい後に、妻が居住する土地建物を含めて全財産を遺贈する遺言を作成した事案で、裁判所は「A（夫）とX（不倫相手）は不倫関係にあり、遺言がなされたときは両者間に右関係が生じて間もないころであって、Aは右関係の継続を強く望んでいたが、Xはむしろそのことに躊躇を感じていた時期に符合すること、当時50歳の初老を迎えていたAが、16歳年下のXとの関係を継続するためには、財産的利益の供与等によりXの歓心を買う必要があったこと、本件遺言後両者の関係は親密度を増したことなどの諸事情を考え合わせれば、AはXとの情交関係の維持、継続をはかるために、本件遺贈をなしたものと認めるのが相当である。そして、本件遺贈はY（妻）が居住する居宅である建物及び土地を含む全財産を

対象とするものであり、それは長年連れ添い、Aの財産形成にも相当寄与し、しかも経済的には全面的に夫に依存するYの立場を全く無視するものであるし、また、その生活の基盤をも脅かすものであって、不倫な関係にある者に対する財産的利益の供与としては、社会通念上著しく相当性を欠くものと言わざるを得ない」として遺言は公序良俗に反し無効としました（東京地裁昭和58年7月20日判決・判タ509号162頁）。

② 夫が妻と別居して不倫相手と同棲し、妻に離婚訴訟を提起する一方、全財産を不倫相手に包括遺贈する旨の公正証書遺言をした事案で、裁判所は「A（夫）は、X（妻）がいながらY（不倫相手）と長年不貞関係を継続し、そのためXとの婚姻関係が破綻したこと、本件遺言はAの全財産を不貞の相手に遺贈するという内容のものであること、Aの遺産の主要なものである本件建物はXとAの婚姻生活を維持するために購入されたものであること、Xは本件建物の賃料収入を生活費として生活しており、他には特に収入がないこと、AはXの右事情を知りながら本件遺言をしたこと、AはXに離婚を求めていたが、Xから財産分与及び慰謝料の支払いを求められていることを知りながら本件遺言をしたことなどの諸事情を総合すると、Aは本件遺言をするまで約19年間Yと同棲したことや本件遺言はAが死亡する約1年7カ月前の時期にYのそれまでの協力や今後Yに世話になることに対するAの感謝の気持ちからなされたものであるといった事情を考慮しても、Aのした本件遺言は公序良俗に違反し無効」としました（東京地裁昭和63年11月14日判決・判時1318号78頁）。

4　遺言が有効とされた事案

遺言が公序良俗違反にあたらず有効とされた事案には、次のようなものがあります。

① 夫が死亡する約1年2カ月前に、約7年間半同棲の関係にあった不倫

相手、妻、子に、遺産の各3分の1を贈与する遺言をした事案で、裁判所は「A（夫）は一時Y（不倫相手）との関係を清算しようとする動きがあったものの、間もなく両者の関係は復活し、その後も継続して約7年間交際した、Yとの関係は早期の時点でAの家族に公然となっており、他方、AとX₁（妻）の夫婦関係は昭和40年頃からすでに別々に生活する等その交流は希薄となり、夫婦としての実体はある程度喪失していた、本件遺言は死亡する約1年2ヵ月前に作成されたが、遺言の作成前後において両者の親密度が特段増減したという事情もない、本件遺言内容は、X₁、X₂（子）及びYに全遺産の3分の1ずつを遺贈するものであり、当時の民法上の妻の法定相続分は3分の1であり、X₂がすでに嫁いで高校の講師等をしている等の事実関係の下においては、本件遺言は、不倫な関係の維持継続を目的とするものではなく、もっぱら生計をAに頼っていたYの生活を保全するためにされたものであり、また、右遺言の内容が相続人らの生活の基盤を脅かすものとはいえない」として本件遺言は民法90条に違反し無効ではないとしました（最高裁昭和61年11月20日判決・民集40巻7号1167頁）。

②　夫が夫婦関係の悪化から妻と別居した後、夫と死別した不倫相手と約10年間同棲し、夫が不倫相手との生活のため購入した不動産を含む全遺産を包括遺贈する公正証書遺言をした事案で、裁判所は「Y（妻）は、別居後A（夫）が死亡するまで約14年間同人の住居を訪れたことがなく、Aとは別居当初同人の勤務先に電話を入れて連絡し、その後も1ヵ月に一、二度Yの実家の離れ等で話し合いをする程度で、Aが入院してもYには知らせず、YもAの入院を知りながら見舞いに行くこともなかったこと、AもYが入院した際に見舞いをしなかったこと等からすれば、YとAの婚姻関係は別居以来次第に夫婦としての実体を喪失し、遅くともX（不倫相手）がAと同棲を始めた当時から右婚姻関係は破綻した状態にあったものというべきである。そして、Aは、本件公正証書遺言をな

すまでの10年間もＸと内縁関係を継続していたこと、本件包括遺贈の目的となったＡの主たる遺産である土地建物はＡがＹとの婚姻生活維持のために購入したものではなく、Ｘとの共同生活を営むためにＸと同棲生活に入った後に購入したものであるし、Ｘもその代金の一部を負担していること、右遺言はＸを案じ専らその生活を保全するためになされたものであること等の事情を合わせ考えると、本件包括遺贈が公序良俗に反するということはできない」として遺言を有効としました（仙台高裁平成４年９月11日判決・判タ813号257頁）。

5 設問の場合

　設問の場合、別居してしばらくして遺言がされていること、別居してから５年を経過しているとはいえ、婚姻関係が破綻しているような事情がみられないこと、自分が住んでいる建物を含めてすべての夫の財産が遺贈されていること等を考えると、情交関係の維持、継続の目的として遺言がなされたとして、この遺言は公序良俗に違反して無効と判断される可能性があります。

（三ツ村英一）

Q49　遺贈の無効と財産の行方

　私には、甥が1人います。私の死亡後、甥に私の住んでいる土地建物を譲りたいと思い、甥に遺贈する内容の遺言作成を希望しています。しかし、たとえば私より先に甥が死んだ場合は私の遺言は無効になるのでしょうか。そのほかに甥に対する遺贈が無効になるのはどのような場合でしょうか。また、遺贈が無効になった場合、私の不動産はどのようになるのでしょうか。

▶▶▶ Point

①　遺言者が死亡する前に遺贈の相手方が死亡した場合、停止条件付遺言による遺贈で停止条件成就前に受遺者が死亡した場合、受遺者に欠格事由があった場合は、遺言はその効力を生じません。

②　遺贈が無効となった場合、受遺者が受けるべきであった財産は、相続人が相続することになります。ただし、遺言者が、その遺言に別段の意思表示をしていたときは、その意思に従います。

1　遺贈の放棄

　遺贈は、民法996条1項で放棄が可能です。ただし、生前の放棄はできません。

　遺贈の放棄があった場合、遺贈はその効力を失います。

2　遺贈の無効

　民法は、遺贈が効力を生じない特有の場合として、以下のものを定めています。

(1)　受遺者の死亡

(a)　民法994条１項の適用範囲

民法994条１項で、「遺贈は、遺言者の死亡以前に受遺者が死亡したときは、その効力は生じない」と定めています。したがって、遺言者よりも先に受遺者が死亡したときは、その遺贈は無効となります。また、遺言者と受遺者が同時に死亡したときにも、本条が適用され、遺贈はその効力を生じません。受遺者が先に亡くなった場合に別の人に対して遺贈を希望する場合は、「Aに遺贈するとしていた財産について、A（受遺者）が遺言者より先に死亡した場合は、Bに遺贈する」などとして、遺言に定めておくこともできます。

(b)　停止条件付遺贈の場合の受遺者の死亡

また、停止条件付の遺贈の場合、たとえば、遺贈について、遺言者が条件を付した場合（停止条件付遺贈）において、受遺者が条件成就前に死亡した場合も、原則、その遺贈は無効になります（民法994条２項本文）。

ただし、停止条件付遺贈であっても、遺言に別段の意思表示があったときは、その意思に従うとされています（民法994条２項ただし書）。そこで、遺言者の死亡後、停止条件が成就する前に受遺者が死亡したときに、この別段の意思表示があれば、条件成就によって、その受遺者が遺贈の対象となる財産を取得し、その後、その相続人に承継されることになると考えられているようです。

(2)　相続財産に属しない権利の遺贈

遺言の目的たる権利が遺言者の死亡時に相続財産に属しなかったときはその効力は生じません（民法996条）。

相続財産に属しないというのは、その財産が存在しない場合や、あるいは存在はしているが、他人に属している場合といわれています。

たとえば、遺贈の対象とした不動産が他人の所有であった場合はこれにあたります。

仮に、甥に遺贈しようとしていた不動産が第三者の所有であった場合は、

これにあたり、遺言の効力は生じません。

　もっとも、たとえば、遺言時に遺言者の所有している不動産を遺贈する旨の遺言を作成したとしても、遺言者が生前にその不動産を処分した場合は、これは遺言の撤回とみなされた結果として、効力を失います（民法1023条2項）。

　この点、民法996条ただし書において、「その権利が相続財産に属するかどうかにかかわらず、これを遺贈の目的としたものと認められるときは、この限りではない」とされています。したがって、遺贈の対象が相続財産に属するかどうかと関係なく、それを受遺者に渡したいということが遺言者の意思であることが証明されれば、遺言の効力は失われません。もっとも、その判断は厳格になされるべきと考えられています。

(3)　受遺者に欠格事由がある場合

　また、法定相続人と同様、受遺者に欠格事由（民法965条・891条）がある場合の遺贈は効力を生じません。

　この点、法定相続人の場合は、欠格者の直系卑属が代襲相続しますが、遺贈の場合、受遺者に欠格事由がある場合には、その直系卑属が代襲して遺贈されることはありません。したがって、たとえば、受遺者に子がいたとしても、受遺者に欠格事由がある場合には、その子が代襲して遺贈を受けることにはなりません。

3　遺贈が効力を生じないときの財産の帰属

　遺贈がその効力を生じないとき、または放棄によってその効力を失ったときは、受遺者が受けるべきであったものは、相続人に帰属するとされています（民法995条本文）。

　したがって、たとえば、受遺者が遺言者より先に死亡して遺贈が効力を生じないとき、受遺者に欠格事由があったとき、受遺者が遺贈を放棄してその効力を失ったときは、受遺者が受けるべきであった財産は、相続人に帰属し

ます。

　ただし、遺言者がその遺言に別段の意思表示をしたときはその意思に従うことになります（民法995条ただし書）。したがって、たとえば、遺言の中で、複数の包括遺贈者がいる場合、1人の包括遺贈が効力を生じなかったとき、その者が受けるべきであった財産は、「相続人」の中に包括受遺者を含める意思表示をしておけば、包括受遺者の受遺分も、他の相続人と同様、増加すると考えられています。すなわち、設問のケースと異なりますが、質問者が、たとえば甥と姪の合計3人A・B・Cについて、「私の遺産を、A、BおよびCのそれぞれ3分の1の割合で遺贈する」としていた遺贈について、仮に、A・B・Cの遺贈時いずれかにつき効力が生じない場合には、他の受遺者に財産が渡るようにしたいという希望があれば、あわせて、遺言で「A・B・Cのいずれかにつき、その遺贈がその効力を生じないとき、または放棄によってその効力を失ったときは、その者に遺贈するとしていた財産について、上記3人のうち残された者に遺贈する。この場合において残された者が複数いる場合は、各自の割合は等分とする」などと定めておくとよいでしょう。

　このただし書とは別に、「Aに遺贈するとしていた財産について、Aが遺言者より先に死亡した場合は、Bに遺贈する」などとして、遺言に定めておくこともできます。これは、最初の遺贈が効力を生じなかった場合の補充遺贈という位置づけになります。

　設問のケースについて、このような場合に備えて、別のBにあたる者を遺言の中で定めておくことができます。

（長濱晶子）

Q50　遺言が無効となる場合と無効を主張する方法

　父が死亡して、相続人は長男、二男、長女（私）ですが、先日、長男に全財産を相続させるという内容の自筆の遺言書が作成されていて長男がもっていることがわかりました。しかし、長男は両親に金銭的な迷惑ばかりかけてきたので、父がこのような遺言書を作成することは考えられません。二男も遺言書は無効だといっています。遺言はどのような場合に無効となるのでしょうか。また無効を主張する方法を教えてください。

▶ ▶ ▶ Point

① 　遺言は、主として、次のような場合に無効となります。

　ⓐ　民法の定める方式に従っていない遺言書

　ⓑ　遺言書が真正に作成されたものではない遺言書（偽造など）

　ⓒ　遺言能力のない者が作成した遺言書

　ⓓ　公序良俗に違反する内容の遺言書

　ⓔ　詐欺や強迫により作成された遺言書（正確には法律上その遺言を取り消すことができ、その結果遺言は無効となります）

② 　遺言の無効を主張する場合、遺言無効確認の訴えを提起することができます。この場合、共同相続人全員を被告として訴えを提起する必要はありません。なお、遺言書を偽造したり、詐欺や強迫によって被相続人に遺言書を作成させたりした場合には、これらの行為が欠格事由にあたるとして、関与した相続人の相続権がないことの確認の訴えもあわせて提起することができます。

1 遺言の無効

遺言はどのような場合に無効となるのでしょうか。

(1) 方式の欠缺

遺言は、民法に定める方式に従わなければすることができず（民法960条）、民法967条以下にその方式が厳格に定められています。民法の定める方式に従っていない遺言は無効となります。

(2) 遺言書の真否

遺言書は、遺言者本人の意思に基づいて作成されたものでなければ無効です。すなわち、他人が自筆証書遺言を作成した場合や遺言者になりすまして公正証書遺言の作成を嘱託した場合など、遺言書の真正を欠く場合には遺言は無効です。遺言書の偽造の問題として紛争になります。なお、相続人が被相続人の遺言書を偽造した場合には当該相続人は相続権を失います（民法891条5号）。

(3) 遺言能力

遺言は、15歳以上で、かつ、遺言の内容を理解し、その結果を弁識できる常況にある者でなければすることができません。このような遺言能力を欠く者がなした遺言は無効となります（民法961条～963条）。特に、認知症などにより遺言能力を欠くと思われる者がなした遺言について紛争になることが多いです。

(4) 公序良俗違反

民法90条は、「公の秩序又は善良の風俗に反する行為は、無効とする」と規定しています。遺言も法律行為の一種ですから、民法90条の適用があり、たとえば、配偶者のある者が不倫関係の相手方に対して全財産を遺贈するような内容の遺言をした場合に無効となる場合があります。

(5) 意思表示の瑕疵

法律行為の一種ですから、法律行為に関する一般原則に従い、詐欺や強迫

に基づいてなされた遺言は取り消すことができ（民法96条）、遺言を取り消すことにより遺言は無効となります。なお、相続人が詐欺や強迫によって遺言書を作成させたりしたような場合には当該相続人は相続権を失います（同法891条3号・4号）。

2　遺言無効確認の訴え

それでは遺言の無効はどのような方法で主張すればよいのでしょうか。

遺言の無効・有効についての争いは、共同相続人の遺産の取得額に多大な影響を与えますので、話合いにより解決することは困難といえます。そこで、手続上は、まず、家庭裁判所に「家庭に関する事件」として家事調停の申立てをして解決を図るべきものとされていますが（調停前置主義といいます。家事事件手続法257条）、例外も認められていますので、実務上は、家事調停を申し立てずに、初めから民事訴訟として遺言無効確認の訴えを提起することが多いです。

そして、遺言無効確認の訴えを提起する場合、共同相続人全員を当事者とする必要はないとされています（最高裁昭和56年9月11日判決・判時1023号48頁）。

すなわち、遺言無効確認訴訟は、遺産確認訴訟とは異なり、いわゆる固有必要的共同訴訟ではありません。したがって、遺言の無効の主張を争う相続人だけを被告として訴えを提起してもよいですし、同調する相続人を原告に加える必要もありません。もっとも、それは理論上のことですから、後々の遺産分割手続をスムーズに進めるためには共同相続人全員を当事者として訴訟を提起したほうがよいことはいうまでもありません。

また、遺言無効確認の訴えを提起する場合、遺言の無効の理由が共同相続人による遺言書の偽造や詐欺、強迫に基づくような場合は、これらの行為は欠格事由にあたりますので（民法891条3号～5号）、遺言無効確認の訴えを提起するとともに、偽造した者や詐欺、強迫を行った者について相続権がな

いこと（相続権不存在）の確認を求める訴えを提起することができます。

3 設問の場合

　まず、無効の理由を明確にする必要があります。自筆証書遺言ですので検認手続を経ることになりますが、検認手続を経たからといって遺言が有効であると認められたわけではありません。遺言の無効の理由としては、自筆証書遺言の方式に従っていない（全文を自書していないなど）、長男または第三者が遺言書を偽造した、父には遺言能力はなかった、長男が父を強迫して遺言書を作成させたなどということが考えられます。

　次に、無効の主張の仕方としては、遺言書の内容から考えて話合いにより解決することが難しいと思われますので、遺言無効確認の訴えを提起するとよいでしょう。その際に、長男に欠格事由（詐欺・強迫・偽造など）があると主張するのであれば長男の相続権がないこと（相続権不存在）の確認の訴えも併合して提起することができます。この場合、質問者に同調している二男も原告に加えるとよいと思いますが、二男が嫌がるのであれば質問者だけで訴えを提起することもできます。

　なお、判決により遺言が有効に確定する場合に備えて、時効消滅しないように遺留分侵害額請求権を行使しておくことも重要です。

（仲隆）

Q51　遺言はどのように実現されるか

> 　私は余命いくばくもなく、このたび遺言書をつくろうと思います。内容としては、交際女性との間にできた婚外子を認知する、妻に自宅不動産を相続させる、妻との間の子に預金1000万円を相続させる、交際女性に預金2000万円を相続させるという遺言を考えております。私が死亡した後、どのようにして遺言の内容が実現されるのですか。

▶ ▶ ▶ Point

① 　まず、自筆証書遺言や秘密証書遺言の場合には、家庭裁判所の検認を受ける必要があります。これに対して、公正証書の場合と遺言書保管法に基づいて法務局で保管された自筆証書については検認の必要はありません。

② 　遺言による認知を実現するには必ず遺言執行者が必要です。遺言執行者は遺言によって指定しておく場合と、家庭裁判所から選任される場合とがあります。

③ 　相続人に対して不動産や預金を相続させる場合には（特定財産承継遺言といいます）、遺言執行者は必ずしも必要ではありませんが、遺言執行者がいたほうがスムーズに実現できるようです。遺言執行者が就職したときは、認知や遺贈を含め、遺言執行者が遺言の内容を実現することになります。

1　家庭裁判所の検認

　民法は、公正証書遺言の場合を除き、遺言書の保有者は、相続開始後遅滞なく家庭裁判所に検認の請求をしなければならないと規定しています（民法1004条1項）。なお、平成30年改正とともに創設された遺言書保管法に基づ

いて法務局に保管されている自筆証書遺言についても検認は不要とされています（Q43参照）。

検認とは、相続人に対して遺言の存在と内容を知らせるとともに、遺言書を保全し、後日の変造や隠匿を防ぐために行う手続です。遺言が有効か否かを確定するものではありません。検認手続は、相続人全員のほか、判明している受遺者にも家庭裁判所から通知がなされたうえで行われます。

家庭裁判所は検認期日を指定します。この期日には、申立人、相続人・受遺者および同人らの代理人以外は原則的に立ち会うことはできません。なお、通知を受けたからといって、検認期日に出席する義務はありません。

申立人は遺言書の原本を検認期日に持参します。検認手続は、最初に申立人や相続人らについて人定質問（住所・氏名など本人を特定するための質問）が行われ、その後、遺言書が封緘されている場合には遺言書を開封して（ハサミを使って封筒の上部を切断して遺言書を取り出します）、封緘されていない遺言書はそのまま、相続人らへの閲覧がなされます。そして、裁判官から、封筒の表書きや遺言書の本体の筆跡、押印してある印について、遺言者のものと思うかどうか、などについて質問がなされます。このやりとりは裁判所で調書（検認調書といいます）として残されます。もっとも、質問に対する答えによってそれらの事実（筆跡が遺言者本人のものかどうかなど）が確定されるわけではありません。

以上のようにして検認手続は終了します。時間のかかる手続ではありません。検認手続が終了した後、申立人は、家庭裁判所から、遺言書の原本に検認したことを証明する文書を添付したもの（検認済遺言書）を受領します。また、家庭裁判所から相続人や受遺者に対して検認をしたことの通知をします。なお、相続人らは、さきほどの検認調書を謄写することもできます。

2 遺言執行者の選任

遺言執行者は、読んで字のごとく、遺言を執行（実現）する者です。ただ

し、遺言書で定めた内容について必ず遺言執行者が必要とは限りません。

遺言執行者が必要となるのは、①認知（民法781条）、②推定相続人の廃除または取消し（民法893条・894条2項）、③財団法人の設立のための寄付行為（一般法人法152条2項）です。このような遺言については遺言執行者がいないと遺言の内容を実現できないことになります。

さて、遺言者は、遺言によって遺言執行者を指定することができますので（民法1006条1項）、自筆証書であれ、公正証書であれ、あらかじめ遺言執行者を遺言書に定めておくことができます。破産者と未成年者は遺言執行者になることができませんが（同法1009条）、それ以外に民法上の制限はありませんので、相続人自身を遺言執行者に指定することもできます。

遺言書に遺言執行者を指定していないときや、指定された人が辞退したときなど、遺言執行者がいない場合には、利害関係人（相続人、相続債権者、受遺者等）は、家庭裁判所に遺言執行者選任の審判を申し立てることができ（民法1010条）、家庭裁判所が遺言執行者を選任します。多くの場合、申立ての際に、遺言執行者の候補者を掲げていれば、その人が遺言執行者に選任されます。

③　遺言の実現

遺言執行者は、遺言の内容を実現するため、相続財産の管理その他遺言の執行に必要ないっさいの権利義務を有しています（民法1012条1項）。

主な遺言事項について説明します。

(1)　認知、推定相続人の廃除・廃除の取消し

これらについては遺言執行者の存在が必須になります。

認知の場合、遺言執行者は、就職の日から10日以内に認知の届出をする必要があります（戸籍法64条）。認知の届出にあたっては、市区町村の役所にある認知届出書に必要事項を記載し、遺言書謄本（自筆証書遺言の場合、検認が必要です）、遺言執行者の資格証明書（選任執行者の場合は選任書、指定執行者

の場合は遺言書）を添付して、遺言者の本籍地か、遺言執行者の所在地の役所に届出をします（同法25条1項）。

推定相続人の廃除、廃除の取消しの場合には、遺言執行者は、就職後遅滞なく、推定相続人の廃除を家庭裁判所に請求しなければいけません（民法893条・894条2項）。その請求（申立て）にあたっては、被相続人・推定相続人の戸籍謄本、遺言書の写し、遺言執行者の資格証明書を添付します。そして、相続開始地の家庭裁判所において推定相続人の廃除、廃除取消しの審判がなされます。審判が確定すると、廃除あるいは廃除の取消しは、被相続人の死亡時にさかのぼって効力を生じます。遺言執行者は、審判が確定した日から10日以内に役所に届出をしなければいけません（戸籍法97条・63条1項）。

⑵　遺　贈

遺言執行者がある場合、遺言執行者のみが遺贈の履行をすることができると規定されていますので（民法1012条2項）、遺言執行者がいる場合には、遺言執行者が遺言の内容を実現しなければなりません。

たとえば、不動産や預貯金が遺贈の目的となっているときに、不動産の登記移転手続や引渡手続、あるいは預金の解約・払戻手続については、遺言執行者の名で遺言執行者自身が行います。

ただし、遺言執行者がいない場合には、遺言執行者を選任しなくとも、これらの遺贈を実現することは可能です。すなわち、遺贈により権利を取得する人（受遺者）が相続人に対して遺贈の実行（不動産の登記移転手続など）を請求し、拒否された場合には訴訟を提起して遺贈を実行することになります。

⑶　特定財産承継遺言（相続させる遺言）

特定財産承継遺言（たとえば甲不動産を長男に相続させるという「相続させる遺言」といわれる遺言）については遺贈と少し事情が違います。

遺言執行者がいる場合には、特定財産承継遺言によって利益を受ける相続人（受益相続人といいます）のために、遺言執行者自身が、不動産の登記手続や預貯金の解約・払戻手続などを行うことができますが（民法1014条2

項・3項)、遺言執行者でなく、受益相続人自身がこれらの手続を行うことも可能です。

4　設問の場合

　遺言は、通常、公正証書か自筆証書で行いますが、認知には遺言執行者が必要ですので、どちらの遺言書であっても遺言執行者を指定しておくとよいでしょう。その際に心当たりの遺言執行者がいなければ、遺言者が死亡した後に相続人や受遺者が家庭裁判所に遺言執行者の選任の審判を申し立てることになります。なお、遺言執行者の有無に関係なく、自筆証書遺言の場合には家庭裁判所による検認手続を経なければなりません。そして、妻に自宅不動産を相続させるという遺言や妻との間の子に預金1000万円を相続させるという遺言は「特定財産承継遺言」に当たります。

　また、交際女性に預金2000万円を相続させるという遺言は、相続させるという表現であっても交際女性は相続人ではありませんので「遺贈」にあたります。このうち、特定財産承継遺言は相続人自身でも実現することはできますが、実際には、認知手続だけでなく、特定財産承継遺言・遺贈のいずれも遺言執行者に実現してもらうことになると思います。

（仲隆）

Q52 遺言はどのように取り消すことができるか

父は以前、長男である私にすべて相続させるという公正証書遺言を作成しましたが、二男に強迫されて、二男にすべて相続させるという自筆証書遺言を作成してしまいました。父が強迫されて書かされた遺言を父は取り消せますか。取り消した場合、元の公正証書遺言はどのようになりますか。

▶ ▶ ▶ Point

① 遺言者は、作成した遺言がどの方式のものであっても、いつでも変更・取消し（撤回）することができます。

② 撤回した遺言を撤回した場合、原則として旧遺言は復活することはありませんが、撤回が錯誤、詐欺または強迫によるものである場合、旧遺言が復活します。

1 遺言の撤回の自由

遺言は遺言者の最終意思ですので、遺言者は、生存中はいつでも自由に全部または一部を取り消すことができます（民法1022条）。この「取消し」は法律用語としては「撤回」を意味しています。そして、この撤回権は放棄することができません（同法1026条）。

2 遺言の撤回の方法

(1) 撤回の意思表示の方法（遺言の方式による撤回の方法）

遺言を撤回するときは、「遺言の方式に従って」行う必要があります。つまり、民法967条以下に定める遺言書を作成する方法にしたがって、新たに、

「前の遺言を取り消す」という遺言（撤回遺言）を行うことにより撤回をすることができます。撤回をする遺言の方式には制限はなく、自筆証書でも公正証書でも秘密証書でも、あるいは特別の方式に従うことができる場合でも、すべての方式を利用して前の遺言を撤回することができます。たとえば、公正証書遺言を自筆証書遺言で撤回することもできます。

(2)　撤回の擬制

(a)　前の遺言と後の遺言が内容的に抵触する場合

新たに遺言を作成し、その中で、前に遺言してある内容と抵触する内容の遺言をした場合、前の遺言は撤回されたものとみなされます（民法1023条1項）。「長男にすべて相続させる」という内容の遺言を、後に気が変わって「二男にすべて相続させる」遺言をすれば、それが遺言者の自由意思に基づくものであれば、前の遺言は撤回されたことになります。また、たとえば、「長男に○○銀行のすべての預金を相続させる」という遺言について、後日、「二男に○○銀行の預金のうち、定期預金を相続させる」という遺言をした場合には、長男に○○銀行の定期預金を相続させる」という部分が撤回されたことになります。

(b)　遺言の内容と、その後の生前処分とが抵触する場合

遺言の内容が遺言後の生前処分と抵触するときも、前の遺言は撤回されたものとみなされます（民法1023条2項）。たとえば、「甲不動産は長女に相続させる」との遺言をしたのに、その後、甲不動産を売却してしまうような場合です。

(c)　遺言者が故意に遺言書または遺贈の目的物を破棄した場合

遺言者が故意に遺言書を破棄した場合は、破棄した部分について、遺言が撤回されたものとみなされます（民法1024条前段）。「破棄」とは、遺言を破り捨てたり、焼き捨てたりと遺言書を物理的に損傷する場合だけでなく、遺言書の文面を抹消して判読不明にしたり、遺言の日付を判読不能にすることにより遺言がいつ成立したのかを不明にする行為も含みます。公正証書遺言

の場合は、遺言書の原本は公証役場に保管されていますので、遺言者が所持している正本を破棄しても撤回は擬制されません。正本は原本の謄本ですので、必要があれば何通でも交付を受けられるからです。

　また、遺言者が故意に遺贈の目的物を破棄した場合も、破棄した部分について遺言の撤回がなされたものとみなされます（民法1024条後段）。たとえば、「甲建物を妻に相続させる」としていたのに、甲建物を取り壊した場合です。

3　撤回遺言の撤回・取消しの場合の旧遺言の効力

(1)　撤回遺言の撤回・取消しの場合、旧遺言の効力は復活しない

　いったんされた遺言（A遺言）が（B遺言）により撤回されたとします。その後、この撤回遺言（B遺言）が後に別の遺言（C遺言）で撤回されたり、あるいは、B遺言が制限能力を理由に取り消されたとき、撤回や取消し以外でA遺言と抵触する内容のB遺言の効力がなくなった場合でも、A遺言は原則として復活することはありません（民法1025条本文）。撤回や取消し以外で、B遺言に効力がなくなった場合とは、A遺言と抵触する内容のB遺言で受遺者となった者が、遺言者が死亡する前に死亡し、B遺言の効力がなくなったような場合です。

　遺言者がA遺言をした後、B遺言でA遺言を撤回し、さらにC遺言でB遺言を撤回しても、遺言者にA遺言を復活させる意思があるかはわからないからです。また、A遺言と抵触するような内容のB遺言がなされたり、A遺言と抵触する行為がなされた場合、B遺言やA遺言と抵触する行為を撤回したり取り消しても、A遺言を復活させる意思が明らかとはいえませんので、A遺言は復活しません。

　これに対し、遺言者がA遺言をB遺言で撤回し、C遺言で「B遺言を無効とし、A遺言を有効とする」とした場合は、遺言者のA遺言を復活させるという意思が明確なので、遺言者の意思を尊重してA遺言を復活させるのが適切です。また、C遺言を全体の記載からA遺言を復活させる意思が明らかで

あれば、Ａ遺言の復活を認めてよいと考えます。

⑵　撤回遺言等が錯誤・詐欺・強迫によるものである場合

撤回遺言その他の抵触行為によるＡ遺言の撤回が錯誤・詐欺・強迫によってなされた場合には、Ａ遺言は復活します（民法1025条ただし書）。これはＡ遺言（旧遺言）を復活させるというのが遺言者の意思であると認めることができるからです。

④　設問の場合

お父さまは、二男に強迫されて作成した自筆証書遺言を、遺言の方式で撤回することができます。二男に強迫されて作成されたという場合は、撤回することにより元の公正証書遺言の効力が復活します。また、二男に強迫されて作成した自筆証書遺言とは別に新たに、お父さまが再度、長男にすべて相続させるとの遺言書を作成することも自由にできます。

（瀬川千鶴）

第10章

死因贈与

Q53　死因贈与と遺言との違い

> 　私の交際している男性は70歳になりますが、自分が死んだら、私に
> 軽井沢の別荘をあげると話しています。しかし、いつ気持ちが変わるか
> はわかりません。友人に聞いたところ、遺言書を書いてもらう方法もあ
> るが、死因贈与契約書を作成するとよいかも知れないというのです。死
> 因贈与契約とはどのような契約でしょうか。また、死因贈与契約は取消
> しができるのでしょうか。遺言書との違いを教えてください。

▶▶▶ Point

① 　死因贈与とは、贈与者と受贈者が、贈与者の死亡を条件として、贈与者
　 の財産を無償で受贈者に与えるという契約（これを死因贈与契約といいま
　 す）を締結することによって、贈与者の死亡によって、財産移転の効力を
　 生ずる贈与のことをいいます。

② 　遺贈は、遺言者の一方的な意思表示（単独行為）であり、また、厳格な
　 要式が求められています。これに対し、死因贈与は、あくまで契約である
　 ため、贈与者と受贈者の意思の合致により成立し、特別の要式は不要とさ
　 れている点で、基本的な性格の違いがあります。もっとも、どちらも死亡
　 を原因として無償で財産が移転するという点では同じですので、死因贈与
　 の効力については一定の範囲で民法の遺贈の規定が準用されます。

1　死因贈与契約とは

　民法554条は、贈与に関する規定の最後に、「贈与者の死亡によって効力を
生ずる贈与については、その性質に反しない限り、遺贈に関する規定を準用
する」と定めています。

　この条文の「贈与者の死亡によって効力を生ずる贈与」というのが死因贈与といわれるものです。そして、贈与は、「当事者の一方がある財産を無償で相手方に与える意思を表示し、相手方が受諾をすることによって、その効力を生ずる」（民法549条）という契約ですから、死因贈与契約というのは、贈与者と受贈者との間で、贈与者が死亡することを条件として、贈与者の財産を無償で受贈者に与えるという契約ということになります。

　そして、契約ですから、当事者の意思表示が合致すれば成立し、要式はありません（不要式行為）。つまり、黙示の意思表示により死因贈与契約が成立するという解釈をすることができます。

2　遺贈との比較

(1)　基本的な相違点

　民法964条は、「遺言者は、包括又は特定の名義で、その財産の全部又は一部を処分することができる」と定め、遺言者は、「遺言によって」、自己の財産を処分できると規定されています。この条文で包括というのは包括遺贈、特定というのは特定遺贈のことを意味し、包括遺贈には全部包括遺贈（Aに対して自己の財産の全部を遺贈するというもの）と一部包括遺贈（Aに対して自己の財産の3分の1を遺贈するというもの）があります。特定遺贈はAに対して甲不動産を遺贈するという特定の財産を遺贈するというものです。

　このような遺贈は、遺言ですから、死因贈与契約と異なり、契約ではなく、遺言者の一方的な意思表示によるものです。そこで、単独行為といわれます。また、遺贈については民法967条以下に厳格な要式が定められていて、その要式にしたがわなければ無効とされます。

　そうしますと、遺贈は単独行為で、かつ厳格要式性が要求されるのに対し、死因贈与契約は、契約で、かつ不要式行為であるという点で基本的な法的性質の違いがあることになります。

　もっとも、遺贈と死因贈与契約は、無償で財産を移転するという点では同

じですので、経済的に果たす役割としては類似しています。

　この点に関連しますが、無効な遺言書が書面による死因贈与契約として有効になる場合があります。つまり、遺言が厳格要式性を要求されることから方式の欠缺により無効とされることも少なくありませんが、死因贈与契約が不要式であることから、無効とされる遺言の内容について、書面による死因贈与契約が成立しているとして有効とされる余地があります（東京高裁昭和60年6月26日判決・判時1162号64頁、東京地裁昭和56年8月3日判決・判時1041号84頁）。

(2)　遺贈の規定の準用の可否

　前記(1)のとおり、民法554条は、「性質に反しない限り、遺贈に関する規定を準用する」と規定しています。しかし、両者には基本的な性質の違いがありますので、準用する範囲を具体的に検討する必要があります。

　したがって、死因贈与には、遺贈が単独行為であるために設けられた規定である遺言能力に関する規定（民法961条・962条）、遺言の方式に関する規定（同法967条以下）、遺贈の放棄・承認に関する規定（同法986条以下）は準用されないと考えられていますが、性質に反しない限り、遺贈の規定を準用するということになります。

(a)　遺言の撤回に関する規定（民法1022条）

　この点について、最高裁判所は、「死因贈与については、遺言の取消に関する民法1022条がその方式に関する部分を除いて準用されると解すべきである。けだし、死因贈与は贈与者の死亡によって贈与の効力が生ずるものであるが、かかる贈与者の死後の財産に関する処分については、遺贈と同様、贈与者の最終意思を尊重し、これによって決するのを相当とするからである」（最高裁昭和47年5月25日判決・民集26巻4号805頁）とし、準用を肯定しています。この事案は、夫が死後の遺産相続をめぐる紛争防止のため妻に死因贈与したにもかかわらず、妻が病気療養中の夫に対し生前贈与を求める調停を申し立てたりして夫婦関係が円満を欠く状態となったため、夫が死因贈与を

撤回したというものであり、死因贈与の撤回を認めても不当とはいえない事案でした。

死因贈与について、「遺言によって前の遺言を撤回することができる」とする民法1022条が準用される結果、死因贈与は意思表示のみによって撤回が可能であるということになります。本来、契約という点からしますと、一方的に取消しはできないはずですが、遺言と同じように一方的な撤回を認めることになるのです。

なお、民法1023条は、1項で「前の遺言が後の遺言と抵触するときは、その抵触する部分については、後の遺言で前の遺言を撤回したものとみなす」とし、2項で「前項の規定は、遺言が遺言後の生前処分その他の法律行為と抵触する場合について準用する」と規定しています。これらの規定についても、贈与者の最終意思を尊重するという点を強調すれば準用の余地があると思われます。

一方、民法1024条は、「遺言者が故意に遺言書を破棄したときは、その破棄した部分については、遺言を撤回したものとみなす。遺言者が故意に遺贈の目的物を破棄したときも、同様とする」と規定していますが、贈与書面や目的物の破棄という事実行為をもって、贈与者の最終意思が明確に現れているといえるか疑問の余地もありますので準用は否定的に考えるべきではないかと思われます。

(b) 贈与者の相続人による死因贈与契約の撤回

民法1022条以下の撤回の規定が準用されるのは、贈与者の最終意思の尊重という点にあります。したがって、この撤回権については贈与者の一身専属権と解され、相続人による撤回は認められないと解されます。

ただし、書面によらない贈与の未履行部分の解除（民法550条）や、民法総則の規定による行為無能力および詐欺・強迫を理由とする取消しについては、贈与者の一身専属権とは解されませんので、これらの権利は相続人に承継され、相続人による解除や取消しが認められるといえます。

(c)　贈与者が死亡する前に受贈者が先に死亡した場合

　民法994条1項は、「遺贈は、遺言者の死亡以前に受遺者が死亡したときは、その効力を生じない」と規定していますので、この準用を肯定した場合には、贈与者の死亡以前に受贈者が死亡したときには死因贈与契約の効力は失われます。

　最高裁判例はありませんが、下級審判例では肯定した事例と否定した事例があります。

　死因贈与が無償であること、個人的な人間関係によって契約が締結されたものであることを重視すると、遺贈に近づけて考えて効力を否定するという考え方もありますが、一方で、あくまで死因贈与は契約であり、契約は当事者の一方的な意思で撤回することはできないことを考えると一概に無効とすべきではないとも解されます。ポイントとしては、贈与者に死因贈与契約を継続する意思があったといえるかどうかであると考えられますが、いずれにしても事案ごとに判断されるように思われます。死因贈与契約が無効とならない場合には、受贈者の相続人にその地位が承継されることになります。

(d)　家庭裁判所による死因贈与執行者の選任

　民法1010条は、「遺言執行者がないとき、又はなくなったときは、家庭裁判所は、利害関係人の請求によって、これを選任することができる」とあり、民法554条によりこれを死因贈与契約の場合に準用されると考えられます。実務も死因贈与執行者の選任申立てを認めているといってよいでしょう。申立人としては、死因贈与の受贈者、死因贈与の贈与者の相続人などが考えられます。また、管轄や審理、さらに死因贈与の執行も遺言と同様に考えればよいと思われます。

　なお、内縁の妻に対し不動産を贈与する、契約の執行者としてA弁護士を指定するという内容の公正証書による死因贈与契約書に基づき、A自らを原告とし、相続を原因とする所有権移転登記を経由した亡妻（本妻）の子を被告として、真正な登記名義の回復を原因とする所有権移転登記手続を求めた

事案で、Aを死因贈与執行者として、その原告適格を認めた判例があります（東京地裁平成19年3月27日判決・判時1980号98頁）。

3　死因贈与契約のメリット

　まず、遺言書の作成は秘密裏に行われることも少なくありませんが、死因贈与は契約書を作成するのが通常ですから、贈与者が撤回する可能性は遺言よりも少なくなると思います。

　また、贈与者が目的物を処分することに抵抗感を与えるといえます。特に、不動産の死因贈与については、不確定期限付権利という理由により仮登記が認められ（不動産登記法105条2号）、その順位が保全されます。そこで、前記のとおり、贈与者は一方的に死因贈与契約を取り消すことができますが、仮登記がなされると、実際上、贈与者が第三者に不動産を譲渡したりして処分することに抵抗が生ずると思いますので、この点で死因贈与のメリットがあるといえます。

　なお、死因贈与は、贈与税ではなく相続税が課されますので、遺贈より税金が高くなるわけではありません。

4　設問の場合

　軽井沢の別荘について、男性に遺言書を書いてもらう方法が一般的ですが、死因贈与契約を締結する方法もあります。もちろん書面にすべきですが、遺言と同じように、公正証書で作成することができます。ただし、死因贈与契約も遺言と同じように一方的に取り消すことができますので注意は必要です。もっとも、死因贈与契約を締結するとともに、軽井沢の別荘について、死因贈与契約に基づく所有権移転の仮登記をしておくと男性が他の人に譲渡することの精神的な歯止めにもなると思います。

（仲隆）

第11章

遺留分

Q54　遺留分を主張する方法

> 　先日父が亡くなりました。相続人は配偶者である母、兄と私の３人で、遺産として、預貯金と不動産がありました。父は、遺産すべてを母に相続させる旨の遺言を残していました。また、父は、生前、兄に自宅の建築費用を贈与していました。
>
> 　調べたところ、私には遺留分というものがあると聞きましたので、その権利を行使しようと思いますが、どのようにして請求すればよいでしょうか。

▶ ▶ ▶ Point

① 　遺留分権利者は、侵害された遺留分相当の金銭の支払いを求める権利を有しています。これを遺留分侵害額請求権といいます。

② 　遺留分の権利行使は、必ずしも書面で行わなければならないわけではありませんが、後で争いにならないよう、書面で権利行使をすることが望ましいです。

③ 　遺留分侵害額請求権は、相続の開始および自分の遺留分が侵害されたことを知ってから１年以内に行使しなければ、時効により権利を行使することができなくなります。

④ 　話合いで解決できない場合には、調停や訴訟により解決を図ることになります。

1 　遺留分侵害額請求

　遺留分権利者は、遺留分侵害額に相当する金銭を請求することができます（民法1046条１項）。

そのため、遺留分権利者は、受遺者や受贈者（この意味は別の設問で説明しています）に対して、金銭の支払いを請求することになります。

遺留分権利者が行使する金銭の請求を「遺留分侵害額請求」といいます。

② 遺留分侵害額請求権の行使方法

(1) 形成権

遺留分侵害額請求権は、意思表示をすることによって行使する必要があります。

このように、意思表示をすることによってのみ効果を生じさせる権利を形成権といいます。

形成権とは、権利者が一方的に権利行使をする旨の意思表示をすることで、一定の法律関係を発生させる権利のことをいいます。遺留分侵害額請求権の場合には、この権利を行使することで、相手方に対する金銭請求権が発生するのです。

設問において、質問者は、母と兄に対して遺留分侵害額請求権を行使することが考えられますが、それぞれに対して、個別に権利を行使する必要があります。

(2) 意思表示の方法

意思表示の方法については、特に取決めはありません。

したがって、口頭での権利行使であっても有効です。他方、訴えの方法による必要もありません（平成30年改正前の判例として最高裁昭和41年7月14日判決・民集20巻6号1183頁があります）。

このように、特定の行使方法があるわけではないものの、後記③のとおり、時効で消滅しているなどとの争いを避けるため、内容証明郵便などの書面で権利を行使することが望ましいです。

3　遺留分権利者の権利行使期限

遺留分権利者は、遺留分侵害額請求権を行使することにより、受遺者や受贈者に対して、金銭を請求することができます。

遺留分侵害額請求権については、遺留分権利者が、相続の開始および遺留分を侵害する贈与または遺贈があったことを知った時から1年間行使しないと時効により消滅することとされています（民法1048条）。相続開始の時から10年を経過した場合も同様であり、この場合は、遺留分権利者が相続の開始等を知らなくても、時効により消滅します。

そのため、遺留分権利者は、時効期間が経過する前に、権利を行使しなければなりません。

遺留分侵害額請求権を行使すると、遺留分権利者は、受贈者等に対して金銭の支払いを請求する権利を有することになりますが、この金銭債権については、上記の遺留分侵害額請求権とは別に消滅時効にかかるとされています。

そのため、遺留分侵害額請求権を行使した後、5年間を経過すると、個別の金銭債権が消滅時効にかかって、請求できないことになります（民法166条1項1号）。

4　権利行使をした後の手続

⑴　話合い

遺留分侵害額請求権を行使した権利者は、相手方と協議をします。

話合いで合意できた場合には、合意内容を書面にして、解決となることが一般的です。

⑵　調停手続

相手方との間で協議が整わなかった場合、あるいは協議ができない場合には、まずは家庭裁判所に調停を申し立てることが一般的です（家事事件手続法でも、訴訟の提起に先立って調停を前置するよう規定しています）。

調停というのは、家庭裁判所において、調停委員を介して話合いを行って紛争の解決を図る手続です。

調停で合意に至った場合には、家庭裁判所で調停調書を作成して、紛争が解決することになります。

(3) 訴訟手続

調停でも解決しない場合には、訴訟を提起します（なお、前記(2)のように、調停前置とされていますが、状況によっては、調停を申し立てることなく訴訟を提起することもあります）。

訴訟では、双方が自分の主張や証拠を提出します。最終的に家庭裁判所が判決を出します。訴訟においても話合いの機会がもたれますので、そこで和解により解決することもあります。

5 まとめ

設問では、母と兄に対して、それぞれ遺留分侵害額請求をすることが考えられます。

質問者は、請求する相手方に対して、遺留分を侵害することなどを知ってから1年以内に、書面をもって、遺留分侵害額請求権を行使することになります。

その後、協議をし、調停あるいは訴訟によって、相手方との紛争の解決を図っていくことになります。

（佐々木好一）

Q55 遺留分および遺留分侵害額はどのように計算するのか

> 　先日母が亡くなりました。相続人は兄、妹と私の3人（きょうだい3人）で、遺産として、預貯金1000万円と不動産（相続開始時における評価額2000万円）がありました。母は、遺産すべてを兄に相続させる旨の遺言を残していました。また、母は、亡くなる5年前に妹に自宅の建築費用として1000万円を贈与していました。他方、母は死亡時に1000万円の債務を負っていました。
>
> 　これに対し、私は、母が亡くなる8年前に、営業資金として600万円をもらっています。
>
> 　母の相続に関する私の遺留分はいくらになり、きょうだいに請求できる遺留分侵害額は、いくらになりますか。
>
> 　もし、先に死亡した父の相続に際して、母が有していた相続分を無償で譲渡された人がいる場合、遺留分侵害額の計算において考慮されるのでしょうか。

▶▶▶ Point

① 遺留分は、被相続人が相続開始の時において有した財産の価額に贈与した財産を加算し、債務を控除して求めます。

② 被相続人が相続開始の時に有した財産は、被相続人の有していたいっさいの財産をいいますが、死亡保険金や生命保険金は含まれません。

③ 遺留分算定の基礎財産となる贈与は、相続人以外の場合は相続開始1年以内のもの（ただし、相続人を害することを知っていた場合は1年以上前のものを含みます）、相続人の場合は相続開始前10年以内になされた特別受益となる贈与をいいます（同じく、相続人を害することを知っていた場合は10年以

上前になされたものを含みます）。

④　共同相続人間における無償での相続分譲渡についても、特別受益にあたりうるとされたため、今後は遺留分の算定において考慮されるものと思われますが、具体的にどういった計算方法になるかは今後の家庭裁判所の判断を待つことになります。

⑤　遺留分侵害額は、遺留分から、遺留分権利者が受けた遺贈または特別受益となる贈与、遺留分権利者が相続によって取得する財産の額を控除し、遺留分権利者が承継する相続債務の額を加算して計算します。

1　遺留分の算定方法

　兄弟姉妹以外の相続人は、遺留分として、直系尊属（父母など）のみが相続人である場合には遺留分の算定の基礎となる財産の価額（以下「基礎財産」といいます）の3分の1、それ以外の場合は基礎財産の2分の1の割合を乗じた割合を有しています（民法1042条1項。これを「総体的遺留分」といいます）。

　総体的遺留分に、各相続人の法定相続分割合を乗じたものが、個々の権利者の遺留分（これを「個別的遺留分」といいます）となります。

　遺留分権利者は、基礎財産に対する個別的遺留分の割合に相当する財産を取得することが遺留分制度により保障されており、それが侵害された場合には、遺留分侵害額請求権を行使することが認められます。

　民法では、基礎財産を、①被相続人が相続開始の時において有した財産の価額に、②贈与した財産を加算し、そこから③債務を控除して求めることとしています（民法1043条1項）。

2　遺留分を算定するための基礎となる財産

(1)　被相続人が相続開始の時に有した財産

「被相続人が相続開始の時に有した財産」とは、被相続人が相続開始の時に有したすべての積極財産（プラスの財産のことをいい、たとえば不動産や預貯金などがこれにあたります）が対象となります。

遺贈の対象となった財産もこれに含まれます。

条件付権利（○○を条件として○○を贈与するなど条件が付いた権利）や存続期間が不確定な権利（たとえば期間が確定していない借地権など）についても、遺留分を算定するための基礎となる財産（以下、「基礎財産」といいます）となりますが、その評価については、最終的には家庭裁判所が選任した鑑定人の評価に従ってその価額を定められます（民法1043条2項）。

他方、死亡退職金や生命保険金については、基礎財産には含まれないと考えられています。

なお、遺産分割を行う場合の「みなし相続財産」の算定の場合と異なり、遺留分の算定においては、寄与分は考慮されません。

(2)　贈与した財産

(a)　基礎財産

贈与については、民法1044条・1045条で規定されています。

基礎財産となる贈与は、相続人に対する贈与に限られません（この点、遺産分割の際のみなし相続財産の算定においては、相続人に対する贈与のみ考慮されており、遺留分の場合とは異なります）。

死因贈与（贈与者の死亡により効力を生ずる贈与であり、贈与者の生前に契約をするもの。民法554条）も基礎財産に含まれます。

また、負担付贈与については、目的財産の額から対価を控除した額が贈与の額として基礎財産となり（民法1045条1項）、不相当な対価をもってした有償行為（たとえば相場より著しく安価で売買した場合など）は、当事者双方が

遺留分権利者に損害を加えることを知ってしたものに限り、この対価を負担の価額とする負担付贈与とみなして、上記の方法で算定した額が基礎財産となります（同条2項）。

(b)　相続人以外の者に対する贈与

相続人以外の者に対する贈与は、相続開始前の1年間にしたものに限り、基礎財産に含まれます（民法1044条前段）。

ただし、当事者双方が、遺留分権利者に害を加えることを知って贈与をしたときは、これ以前になされた贈与であっても、基礎財産に含まれることになります（同条後段）。

「遺留分権利者に害を加えることを知って」とは、当事者が、贈与財産の価額が残余財産の価額を超えることを知っていた事実のほかに、将来、相続が開始するまでにその財産の変動がないこと（少なくともその増加がないであろうこと）を予見していた事実が必要であると考えられています（大審院昭和11年6月17日判決・民集15巻1246頁）。

(c)　相続人に対する贈与

相続人に対する贈与の場合は、婚姻もしくは養子縁組のため、または生計の資本として受けた贈与（これを「特別受益」といいます）に限り、かつ、相続開始前の10年間にしたものに限り、基礎財産に含まれます（民法1044条2項・3項）。

ただし、当事者双方が、遺留分権利者に害を加えることを知って贈与をしたときは、相続開始前10年間より以前になされた贈与であっても、基礎財産に含まれることになります（ただし、贈与の対象は特別受益に限られます）。

このように、贈与を受けた者が相続人かどうかで、対象となる贈与の内容、時期が異なります。

(d)　判断基準時点

基礎財産に含まれる贈与かどうかは、贈与の時期によって結論が異なることになります。

その判断基準時点は、贈与契約の締結時と考えられています。

そのため、贈与契約を被相続人死亡の1年半前に締結し、被相続人死亡の10カ月前に贈与契約を実行した場合には、当事者双方が遺留分権利者を害することを知ってこれを行っていない限りは、基礎財産には含まれないことになります。

(e)　相続分の譲渡

設問のように、前の相続において相続分が譲渡された後で譲渡人が死亡した場合にどうなるかについては、民法に明文がないため、問題となります。たとえば、夫（W）の相続において、妻（A）が長男（X）にその相続分を無償で譲渡し、その後にAが死亡した場合、AからXに対するWの相続分譲渡は、Aの相続にかかる遺留分算定において、基礎財産となるかという問題がありました。

この点、最近の判例（最高裁平成30年10月19日判決・民集72巻5号900頁）は、Aの相続において、AからXに対する相続分譲渡は、「譲渡を受けた相続分」に含まれる積極財産と消極財産の価額等を考慮して財産的価値があるとはいえない場合を除き遺留分算定の基礎財産に含まれると判断しました。

そのため、先行する相続において共同相続人間で相続分の譲渡がなされ、その後に譲渡者が亡くなったような場合に、相続分の譲渡が特別受益にあたり、遺留分算定の基礎財産にあたりうるのではないかと思われます。

なお、この場合、具体的にいくらが基礎財産となるかという評価について上記判例は明らかにしたとはいえませんので、今後の裁判所の動向に注意する必要があります。

③　基礎財産の価額の算定

基礎財産の算定の基準時は、相続開始時です（最高裁昭和51年3月18日判決・民集30巻2号111頁）。

前記③のとおり、条件付権利や存続期間の不確定な権利は、最終的には家

庭裁判所が選任した鑑定人の評価に従って、その価額を定めます。

　贈与後、受贈者の行為によって、その目的物が滅失したり、その価額が増減した場合であっても、相続開始の時になお原状のままであるものとみなされます（民法1044条 2 項・904条）。そのため、たとえば、贈与された目的物を売却した場合であっても、これが残存するものとして、相続開始時における価額を評価することになります。

4 　遺留分侵害額の算定方法

　遺留分侵害額は、前記①～③の方法で算定した遺留分に対して、以下の①および②を控除し、③を加算して算定します（民法1046条）。

①　遺留分権利者が受けた遺贈または特別受益となる贈与

②　相続によって取得すべき遺産の価額

　　未分割の遺産がある場合には、具体的相続分により、取得すべき遺産の価額を算定します（なお、その際、寄与分は考慮されません）

③　遺留分権利者が承継する相続債務の額

5 　設問の遺留分および遺留分侵害額

(1)　個別的遺留分の額

　設問における質問者の個別的遺留分は、 2 分の 1 （総体的遺留分）× 3 分の 1 （法定相続分）＝ 6 分の 1 です。

　そして、まず、被相続人である母には、預貯金1000万円と評価額2000万円の不動産があったということですので、①被相続人が相続開始の時に有した財産は、1000万円＋2000万円＝3000万円となります。

　また、質問者と妹に対する贈与は、相続開始の10年以内に行っており、これらは生計の資本としての贈与と評価できますので、②贈与した財産は、1000万円＋600万円＝1600万円となります。

　他方、被相続人が死亡した時点で1000万円の債務を負っているということ

ですので、③債務1000万円は遺留分の算定において控除されることになります。

　そして、①＋②－③＝3600万円が基礎財産となり、その6分の1である600万円が、質問者の遺留分となります。

　（3000万円＋1600万円－1000万円）×6分の1＝600万円

(2)　遺留分侵害額

　前記(1)に対し、質問者は、特別受益となる600万円の贈与を受けており、相続債務1000万円の3分の1の333万3333円（四捨五入）を承継します。

　民法1046条に基づき、遺留分の額から、贈与の額を控除し、債務の額を加算しますので、質問者の遺留分侵害額は、600万円－600万円＋333万3333円＝333万3333円となります。

（佐々木好一）

Q56　遺留分を侵害した人が複数いる場合の負担割合

先日母が亡くなりました。相続人は父、弟と私の3人です。

遺産として、預貯金5000万円と不動産（評価額2000万円）がありました。母は、預貯金は父に、不動産は私に相続させる旨の遺言を残していました。他方、母は死亡時に1000万円の債務を負っていましたが、私は、母の死後、全額を返済しました。

今回、弟は父と私に遺留分侵害額請求をしてきたのですが、父と私はそれぞれいくらを負担することになるのでしょうか。

▶ ▶ ▶ Point

①　遺留分侵害額は、遺留分から、遺留分権利者が受けた遺贈または特別受益となる贈与、遺留分権利者が相続によって取得する財産の額を控除し、遺留分権利者が承継する相続債務の額を加算して計算します。

②　受遺者または受贈者は、遺贈や贈与の目的の価額を限度として、遺留分侵害額を負担します。

③　遺留分侵害額の負担の順序は、ⓐ受遺者と受贈者があるときは、受遺者が先に、ⓑ受遺者が複数あるとき、または、受贈者が複数ある場合においてその贈与が同時にされたものであるときは、受遺者または受贈者がその目的の価額の割合に応じて（ただし、遺言書による例外あり）、ⓒ受贈者が複数ある場合で異なった時期になされたものであるときは、後の贈与にかかる受贈者から順次前の贈与にかかる受贈者がそれぞれ負担することになります。

④　受遺者または受贈者が、遺留分権利者が負担すべき債務を消滅させた場合には、意思表示によって、消滅させた分の遺留分を消滅させることができます。

1　遺留分侵害額の算定方法

遺留分侵害額は、以下の方法で算定します。

遺留分＝遺留分の算定の基礎となる財産の価額（民法1043条の方法により算定するもの）×総体的遺留分率（2分の1もしくは3分の1）×具体的法定相続分

遺留分侵害額＝個別的遺留分－遺留分権利者の受けた遺贈または特別受益の価額－遺留分権利者が相続によって取得すべき遺産の価額＋遺留分権利者が相続によって承継する債務の額

2　受遺者または受贈者の負担額

(1)　負担の順位

遺留分侵害額請求の相手方となる受遺者および受贈者は、以下の順序において、遺留分侵害額を負担することになります（民法1047条1項）。

① 受遺者と受贈者があるときは、受遺者が先に負担する

② 受遺者が複数あるとき、または、受贈者が複数ある場合においてその贈与が同時にされたものであるときは、受遺者または受贈者がその目的の価額の割合に応じて負担する（ただし、遺言者がその遺言に別段の意思を表示したときはその意思に従う）

③ 受贈者が複数あるときで、異なる時期に贈与されたものであるときは、後の贈与にかかる受贈者から順次前の贈与にかかる受贈者が負担する

(2)　負担の限度

遺留分侵害額請求がなされた場合の受遺者等の負担額は、遺贈または贈与の価額を限度とします。

この贈与については、遺留分を算定するための財産に算定されるものに限るとされていますので、贈与を受けたのが相続人以外である場合には、原則として相続開始1年間にしたもの、相続人である場合には原則として相続開

始前10年間にした特別受益に限り、負担額の算定において考慮されます（民法1047条１項）。

　ところで、受遺者および受贈者が相続人である場合には、受遺者等（兄弟姉妹を除く）にも遺留分があります。

　そこで、民法1047条１項は、遺留分侵害額の負担額を算定するに際し、当該受遺者または受贈者が遺留分として受けるべき額を控除することとしています。

　そのため、受遺者等が相続人である場合、遺贈等の目的の価額から、自身が遺留分として受けるべき額を控除した金額が、遺留分侵害額の負担の上限となります。

③　目的の価額の算定

⑴　算定基準時

　具体的に受遺者等の負担額を算定する場合には、目的の価額を確認する必要があります。

　前記①のとおり、遺留分侵害額の算定においては、相続開始前の贈与も算定に際して考慮されますが（相続人以外への贈与は１年間、相続人への特別受益は10年間）、相続開始の一定程度前に不動産が贈与された場合、不動産の価額は変動しうるため、目的の価額を、どの時点のものとするかを確認する必要があります。

　この点、民法1044条２項は、遺留分の算定となる贈与の価額に関して、同法904条を準用しています。同法904条は、特別受益者の受けた贈与の価額に関し、目的物が滅失し、またはその価格の増減があったときであっても、「相続開始の時」においてなお原状のままであるとみなす規定です。

　上記規定を踏まえると、遺留分侵害額算定における目的の価額の算定は、相続開始時を基準に算定すると考えられます。

(2)　負担付贈与

　負担付贈与（たとえば、滞納されている固定資産税1000万円の支払いを条件として、5000万円の不動産を贈与する場合）がなされた場合の目的の価額は、目的の価額から負担額を控除した額とされています（民法1045条1項）。

　設問の場合には、4000万円（5000万円−1000万円）が目的の価額とされます。

(3)　不相当な対価をもってした有償行為

　また、不相当な対価をもってした有償行為（たとえば、相場が5000万円である不動産を500万円で売買した場合）についても、当事者双方が権利者に損害を加えることを知ってしたものについては、当該対価を負担の価額とする負担付贈与とみなすとされます（民法1045条2項）。

　そのため、設問の場合には、4500万円（5000万円−500万円）が目的の価額となります。

４　相続債務がある場合

(1)　相続債務の取扱い

　相続債務がある場合には、相続人は、法定相続分に応じて債務を承継します（民法899条）。

　しかし、ある相続人が、相続債務全部を、相続開始後に弁済することもあります（たとえば、不動産を相続した相続人が住宅ローンを返済する場合が考えられます）。

　この場合、弁済をした者（設問の場合は相続人の事例ですが、相続人に限られません）は、本来法定相続分に応じて債務を承継した相続人に対して、求償権として、当該相続人が負わなくなった債務の額の支払いをするよう、請求できることになります。

(2)　意思表示による消滅請求

　遺留分権利者から遺留分侵害額請求を受けた受遺者等は、当該遺留分権利

者が相続によって負っている債務を弁済などで消滅させた場合に、遺留分権利者に対する意思表示をすることで、消滅させた額の限度で、遺留分権利者に対して負担する額を減らせることができます（民法1047条3項）。

なお、この場合、受遺者等が遺留分権利者に対してもっていた求償権は消滅します（つまり、相殺により、いずれも消滅することになります）。

当然に消滅するわけではありませんので、遺留分侵害額請求を受けた受遺者等は、遺留分権利者が負うべき債務を消滅させた場合には、内容証明郵便などによって、通知をして意思表示をしなくてはなりません。

5　設問の場合

まず、設問における弟の遺留分侵害額は、以下のとおり750万円となります。

遺留分侵害額＝｛7000万円（相続開始の時に有した財産）－1000万円（相続債務）｝×2分の1（総体的遺留分）×4分の1（法定相続分）＝750万円

これに対し、父と質問者は、いずれも受遺者ですので、目的の価額に応じて負担することになります。

そのため、次のとおり、父の負担額は535万7142円、質問者の負担額は214万2858円となります。

父：750万円×（5000万円／7000万円）≒535万7142円

質問者：750万円×（2000万円／7000万円）≒214万2858円

そして、質問者は、1000万円の相続債務（弟の負担分250万円）を返済したとのことですので、弟に対する意思表示をし、250万円を限度に、弟に対する債務を消滅させることができます。

その結果、質問者は、弟に対して、支払いをする必要はないことになります。

（佐々木好一）

Q57　遺言無効の主張をする場合に、遺留分侵害額請求権はいつ行使すべきか

> 　父が死亡し、相続人は子である兄と弟の私のみになります。父は、生前に自筆証書遺言を残していましたが、この内容は兄に父の全財産を相続させるというものでした。しかし、父は、生前に認知症を患っており、私は、この遺言は無効ではないかと思っています。そこで、私は、遺言無効の訴えを提起しようと考えています。他方で、すでに父が他界してから10カ月が経過していますので、遺留分侵害額請求の期限も近づいています。この場合、遺留分侵害額請求はどのように行えばよいでしょうか。

▶ ▶ ▶ Point
① 　遺留分侵害額請求は、自己の遺留分が侵害されたことを知ってから1年以内に行使する必要があります。
② 　遺言無効の主張をしていても、念のため、遺留分侵害額請求をしておくことが望ましいです。
③ 　遺言無効確認の訴訟を提起する場合に、予備的に遺留分侵害額請求をすることも実務上用いられています。

1　遺留分侵害額請求権の行使期間の制限

　遺留分侵害額請求権は、遺留分権利者が、相続の開始および減殺すべき贈与または遺贈があったことを知った時（自己の遺留分が侵害されていることを知った時と考えればよいでしょう）から1年以内に権利行使する必要があります（民法1048条）。

　もっとも、遺留分侵害額請求を行うことは、遺言が有効であることを前提としているため、遺言無効の訴えと矛盾する主張のようにも思われます。

　そこで、いつの時点で遺留分侵害額請求を行うべきかという議論があります。

2　最高裁判所の判断

　この議論について、最高裁昭和57年11月12日判決（民集36巻11号2193頁）は、平成30年改正前の事案ですが、「民法が遺留分減殺請求権につき特別の短期消滅時効を規定した趣旨に鑑みれば、遺留分権利者が訴訟上無効の主張をしさえすれば、それが根拠のない言いがかりにすぎない場合であっても時効は進行を始めないとするのは相当でないから、被相続人の財産のほとんど全部が贈与されていて遺留分権利者が右事実を認識しているという場合においては、無効の主張について、一応、事実上及び法律上の根拠があって、遺留分権利者が右無効を信じているため遺留分減殺請求権を行使しなかったことがもっともと首肯しうる特段の事情が認められない限り、右贈与が減殺することのできるものであることを知っていたものと推認するのが相当というべきである」と判示しています。

　この判例からは、遺言が無効であることを信じ、遺留分侵害額請求権を行使しなかったことがやむを得ないと評価されるような極めて限定的な場合を除き、遺留分侵害額請求権の時効は進行すると解されることになります。そのため、遺言無効の主張を行う場合であっても、時効進行の危険性を考慮し、遺留分侵害のおそれがある場合には、念のため遺留分侵害額請求を行っておくことが無難であると思われます。

3　設問の場合

　本件においては、父が他界してから10カ月が経過しており、遺留分侵害額請求権の時効期間が迫っています。また、被相続人が認知症を患っていたと

いう事情のみで、遺言無効を信じるがあまり、遺留分侵害額請求権を行使しないことがやむを得ないという特段の事情があるとまでは考えにくい状況にあります。

　そこで、本件では遺留分侵害額請求権を行使しておくことが望ましいということになります。

　そして、遺留分侵害額請求を行う場合、まずは内容証明郵便によって行うことが考えられます。この場合、たとえば、「父（被相続人）の遺言は、遺言能力がない状態で作成されたため、無効である。仮に有効であるとしても、私の遺留分を侵害するため、念のため遺留分侵害額請求権を行使する」といった内容の記載をすることになります。

　また、遺留分侵害額請求調停を申し立てることも選択肢の一つとなります。

　もっとも、遺言無効確認訴訟を提起するような場合には、予備的請求として遺留分侵害額請求の訴えもしておくべきです。このような場合には、調停を経ずに訴訟提起することもできると解されています。

（村松聡一郎）

Q58　遺留分侵害額請求によって、特定の不動産や金銭を取得できるか

　父が死亡し、相続人は子である兄と弟の私のみで、遺産には5000万円の価値がある不動産と1000万円の預貯金があります。父は、兄に全財産を相続させる遺言をつくっていましたので、遺留分侵害額請求をしようと思います。この場合、金銭のみの支払いを求めることや、不動産の持分のみの移転を求めることはできるでしょうか。平成30年改正の前後で変わりがありますか。また、兄に資力がない場合はどうなるのでしょうか。

▶ ▶ ▶ Point
①　平成30年改正では、遺留分侵害額請求は、金銭の支払いのみを求めることができるとされています。遺留分侵害額請求によって、不動産の持分移転を求めることはできません。
②　平成30年改正前の民法における遺留分減殺請求（平成30年改正の遺留分侵害額請求に相当します）では、目的物の価額に応じて減殺されます。金銭のみの支払いや一部の不動産持分の移転のみを求めることはできません。

1　遺留分侵害額の算定

　設問における遺留分の割合は、2分の1（法定相続分）×2分の1（遺留分割合。民法1042条1項2号）＝4分の1となります。

　そして、遺留分侵害額は、（5000万円＋1000万円）×4分の1＝1500万円となります。

2　遺留分侵害額の請求

　民法1046条１項は、遺留分権利者は、遺留分侵害額に相当する金銭の支払いを請求することができると定めており、遺留分侵害額請求は金銭請求のみとされています。したがって、不動産の持分移転登記を求めることは、現物給付となり、金銭請求ではないので、請求できないことになります。

　設問では遺留分侵害額が1500万円ですから、遺留分侵害額請求により1500万円の支払いを求めることになります。

3　資力がない場合

　設問で相続財産のうち預貯金は1000万円しかありませんので、お兄さんはこの預貯金に加えて自ら500万円を支払う必要があります。しかし、お兄さんが直ちに金銭を用意できない場合、不動産を売却して支払わなければならないなどといった不利益を被るおそれがあります。

　そこで、裁判所は、受遺者または受贈者の請求を受けて、債務の全部または一部について相当の期限を許与することができるとされています（民法1047条５項）。そのため、お兄さんが裁判所に遺留分侵害額の支払いの猶予を請求し、裁判所がこの請求を認めた場合、直ちに遺留分侵害額の支払いを受けることができない場合もあります。

　また、裁判所が期限の許与を認めない場合など、お兄さんが金銭を支払うことができない場合、お兄さんは不動産を任意に売却するなどして合計1500万円を用立てることになります。

　なお、兄弟間で協議が可能であれば、遺産分割協議を行い、金銭支払いに代えて不動産を共有とすることもできます。遺留分侵害額請求の時効の問題がありますので、内容証明郵便で遺留分侵害額請求を行ったうえで、協議を行うことが無難であると思われます。

4　平成30年改正より前の遺留分

　以上は、令和元年 7 月 1 日以降に相続が発生した場合の説明です。

　もし、令和元年 7 月 1 日より前に相続が発生していた場合は、平成30年改正前の民法によって処理されます。その場合は、平成30年改正より前の1034条に従い、遺贈はその価額の割合に応じて減殺されることになります。

　本件では、遺留分侵害額1500万円を、不動産と預貯金の割合に応じて分配することになります。具体的には、土地について1250万円（5000万円× 4 分の 1 ）に相当する持分（不動産全体に対する持分 4 分の 1 ）を、預貯金について250万円（1000万円× 4 分の 1 ）を、それぞれ請求することができます。

　このように、遺留分減殺請求がなされると、不動産については遺留分権利者と義務者（お兄さん）とで共有することになりますが、もし、お兄さんが、不動産が共有となることを嫌った場合、価額弁償の方法を選ぶことができます（旧民法1041条）。この場合、お兄さんは不動産の持分に相応する金額（1250万円）を現実に弁済して、不動産をお兄さんの単独所有としたままでいることができ、共有となることを避けることができます。また、お兄さんが価額弁償の意思表示をした場合、遺留分権利者は価額弁償の請求をすることができるとされています（最高裁昭和51年 8 月30日判決・民集30巻 7 号768頁）。

　なお、不動産が共有となった場合、共有状態を解消するためには、民法258条による共有物分割請求を行うことになります。

（村松聡一郎）

第12章

渉外相続

Q59 相続人の１人が外国に居住している場合の遺産分割協議

　父が亡くなりました。母はすでに亡くなっておりますので、相続人は、私と妹です。妹はアメリカに居住しています。父の相続手続はどのように行う必要がありますか。

　妹がアメリカ国籍を取得していた場合はどうでしょうか。

▶ ▶ ▶ Point

① 被相続人が日本人である場合には、被相続人の本国法（日本法）に従って遺産分割協議を行います。相続人がアメリカ国籍を取得して日本国籍を喪失している場合でも変わりありません。

② 遺産分割協議が調い手続をする際には、日本に在住する日本人の場合、印鑑証明が必要です。アメリカに居住する日本人には、印鑑証明に代わり、領事館で署名証明（サイン証明）を取得してもらう必要があります。

1 外国に居住している相続人との遺産分割協議

　相続人の１人が海外に居住していても、相続は被相続人（設問では父）の本国法（日本法）によりますので（法の適用に関する通則法36条）、共同相続人全員で遺産分割協議をして、遺産を分割することができます。遺産分割協議がまとまれば、遺産分割協議書を作成することになります。

　遺産分割協議書に沿って不動産登記手続や預金払戻しといった相続手続をする場合、印鑑証明書を添付する必要があります。しかし、外国に住んでいる人の場合には、印鑑証明書を取得できません。印鑑証明書を添付するのは、遺産分割の内容がその人の意思に基づいていることを確認するためですので、

外国に居住している人の場合には、印鑑証明書に代わる本人の意思確認の方法が必要となります。アメリカに居住する日本人には、印鑑証明に代わり、領事館で署名証明（サイン証明）を取得してもらう必要があります。署名証明のほか、在留証明書や写真付き身分証明（パスポート）の写しも求められることがあります。

2　アメリカに居住している相続人が米国の国籍を取得している場合

　妹さんが米国人と結婚し、米国籍を取得して日本の国籍を喪失している場合はどうでしょうか。

　前述したように、法の適用に関する通則法36条は、「相続は、被相続人の本国法による」と定めており、相続については、相続人が外国人であっても、被相続人の本国法が適用されるとしています。相続人の１人が米国人であっても、被相続人が日本人であれば相続は日本法によることは変わりません。

　しかし、遺産分割協議の内容を実現するには、日本在住の日本人についての印鑑証明書、米国在住の日本人についてのサイン証明に代わる書面が必要になります。宣誓供述書に本人が署名した書類に現地公証人の署名認証を受けたもの、米国の官憲が発効するサイン証明書といったものがその書面にあたります。

3　設問の場合

　被相続人が日本人であれば相続は日本法によることは、妹さんが日本国籍でも米国籍でも変わりません。しかし遺産分割の内容を実現するには、妹さんについて印鑑証明に代わる書類が必要になりますので、協議中から法務局や金融機関に必要書類を確認しておく必要があります。

（宮田百枝）

Q60 在日外国人の遺言書作成方法

> 私は、米国籍を保有していますが、長年、日本に居住しており、日本に財産もあります。将来に備え遺言書を書いておきたいと思いますが、どの国の方式にのっとって書けばよいでしょうか。日本だけでなく、米国にも財産がある場合はどうでしょうか。

▶▶▶ Point

① 遺言書は、遺言者が遺言書を作成した当時（または遺言者が死亡した当時）に有していた国籍の法律が定めた方式に則っていれば有効ですが、実際上は、遺産が存在する国の法律にも沿った形で作成しておいたほうがよいでしょう。なお、遺言の方式の有効性については、遺言の方式の準拠法に関する法律2条に定められた準拠法によることが必要です。

② 海外にも財産をもっている人は、当該財産の所在国や地域ごとに、その国や地域の法律に基づく方式の遺言書を作成することをおすすめします。遺言書には、その国や地域に所在する財産に限定した遺言書である旨を明記しておいたほうがよいでしょう。

1 遺言書の作成

(1) ハーグ条約の定める遺言の有効要件

日本は、ハーグ条約のうち「遺言の方式に関する法律の抵触に関する条約」を批准しており、これを国内法化した「遺言の方式の準拠法に関する法律」2条において、遺言は、その方式が次に掲げる法のいずれかに適合するときは有効とされています。

① 遺言をした国の法律

② 遺言者が遺言の成立または死亡の当時に国籍、住所もしくは常居所を有していた国の法律

③ 不動産に関する遺言については、その不動産の所在地法

質問者が、日本で遺言をするのであれば、日本法が定める方式にのっとった遺言であれば有効です。日本に所在する財産については、この遺言書で手続をすることができます。

(2) 複数の遺言書の作成

日本の法律に基づいて作成した遺言書が、財産の所在する国において有効か否かは、当該国における遺言の方式に関する準拠法に日本法が含まれるかどうかによります。しかし、準拠法上有効となったとしても、当該遺言書でスムーズに相続手続ができるかどうかは別の問題です。

たとえば、米国の金融機関や登記所の担当官に、日本の法律に基づく日本語で書かれた遺言書をみせても、手続が進められない可能性があります。遺言書を作成する際には、遺産が存在する国で相続手続ができるような形で作成しておいたほうがよいでしょう。

米国にも財産をもっている人は、当該財産の所在国や地域ごとに、その国や地域の法律に基づく遺言書の方式を調査し、財産の所在地で手続ができるような遺言を作成することをおすすめします。現地の役所、金融機関とのやりとりには、現地の資格をもつ弁護士等に依頼することも必要になります。

2　設問の場合

外国籍の方が日本で遺言をする場合、日本における準拠法に沿った方式で行う必要があります。それとともに、海外の財産について滞りなく相続手続ができるように、財産の所在国（地域）における法律を調査し、金融機関や不動産登記関係の実務調査をしたうえで、遺言書を作成する必要があります。

（宮田百枝）

第13章

相続税

Q61 相続税の計算

相続税の課税のしくみと計算方法は、どのようになっているのでしょうか。

▶▶▶ Point

① 相続税は、遺産を相続または遺贈（遺言により取得）により財産を取得した人が納める税金です。したがって、遺産を取得しなかった人、または、遺産総額が遺産にかかる基礎控除額（3000万円＋600万円×法定相続人の数）以下の場合には、相続税の申告納税は必要ありません。

② 申告については、相続の開始があったことを知った日の翌日から10カ月以内に被相続人の住所地の税務署に申告納税する必要があります。

③ 課税対象とされる財産としては、民法上の財産である不動産、現金預金、有価証券等のほかに、相続税法において「みなし相続財産」として生命保険金、退職手当金等があります。

1 相続税の納税義務者

相続税は、原則として、亡くなった被相続人の遺産を相続や遺贈によって取得した人に課せられる税金です。相続の開始があったことを知った日の翌日から10カ月以内に申告納税することとなっています（相続税法27条1項）。

相続税法における申告する必要がある納税義務者は、相続または遺贈によって遺産を取得した相続人、相続人以外の個人で遺贈によって遺産を取得した人、および人格のない社団等（PTA、町内会等）で遺贈により財産を取得した場合（相続税法66条1項・2項）においても相続税の納税義務者となります。

　なお、相続人であっても遺産を取得しなかった人、または相続税の課税財産がその遺産にかかる基礎控除額以下となった場合は、相続税の納税義務者とはならず、申告の必要がありません（相続税法27条1項）。

　ただし、小規模宅地の特例を受けた場合や配偶者の税額軽減を受けることにより相続税の納税が発生しない場合でも、それらの特例を受ける場合には申告する必要があります（相続税法19条の2、租税特別措置法69条の4）。

　相続税法の納税義務者は、原則として、亡くなった被相続人の民法上の法定相続人が対象となりますが、民法上の法定相続人に限定しますと相続放棄する人が生じた場合には、相続人の変動があり、申告期限までに相続税が確定しない場合が生じるなど租税徴収の不安定性等を考慮して、相続放棄をした場合、その放棄がなかったものとして法定相続人の数を計算することとなっています（相続税法15条2項）。

　また、法定相続人の数に算入される養子については、無制限に算入を認めると節税目的に養子縁組をすることで意図的に相続税を軽減するようなケースがみられることから、相続税法では、実際の養子の数にかかわらず、相続税の計算において算入される養子の数は、以下のように制限されています。

①　被相続人に養子のほかに実子がある場合、または被相続人に実子がなく、養子の数が1人である場合
　　養子1人のみ基礎控除に算入できます（相続税法15条2項1号）
②　被相続人に実子がなく、養子の数が2人以上である場合
　　養子2人のみ基礎控除に算入できます（相続税法15条2項2号）

2　相続税の課税の対象となる財産

　相続税の対象となる財産については、原則、被相続人の相続時に保有していた民法上の財産として不動産、現金、預貯金、有価証券等が課税対象の財産となります。

　例外として、民法上の財産ではありませんが、相続税法で課税財産とみな

289

される次のような「みなし相続財産」があります。

(1)　生命保険金等

被相続人の死亡により保険会社から支払われる生命保険金等は、保険金受取人の保険請求権に基づき支払われる保険金受取人の固有の財産ですので被相続人から相続する財産とはなりません。しかし、生命保険金等は被相続人が保険料を負担しており、実質的には、被相続人から生命保険金受取人は経済的利益を受けていることになりますので、相続税法の課税の公平の観点から、相続税法上、保険金受取人が法定相続人の場合は、相続により取得したものとみなされ、法定相続人以外の場合は、遺贈により取得したものとみなされています（相続税法3条1項1号）。

(2)　退職手当金等

被相続人の死亡により、相続人その他の人が、その被相続人に支給されるべきであった退職手当金、弔慰金、花輪代、葬祭料等で被相続人の死亡後3年以内に支給が確定したものの支給を受けた場合には、その退職手当金等を受けた人が、その退職手当金等を相続等により取得したものとみなして、相続税が課されます（相続税法3条1項2号、相続税法基本通達3-30）。

(3)　生命保険契約に関する権利

相続開始の時において、まだ保険事故が発生していない生命保険契約で、被相続人が保険料を負担し、かつ、被相続人以外の人がその生命保険契約の契約者であるものがある場合、その契約の解約返戻金相当額のうち被相続人が負担した保険料に相当する部分を相続財産とみなして、その契約者に対して課税が行われます（相続税法3条1項3号）。

(4)　その他のみなし相続財産

前記(1)～(3)のほか、年金等の定期金に関する権利（相続開始の時において、まだ定期金給付事由が発生していない定期金給付契約で被相続人が掛金等を負担し、かつ、被相続人以外の人がその定期金給付契約の契約者であるもの）等については、その契約者に対して相続により取得したものとみなされて相続財産

として課税されます。(相続税法3条1項4号〜6号)

　たとえば、被相続人が受け取っていた個人年金100万円を相続人が受けることになった場合がこれにあたります。

③ 相続税の課税価格

相続税の課税価格は、次のように計算します。

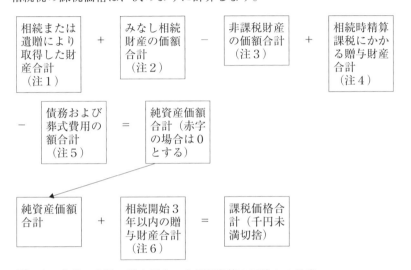

（注1）　土地、家屋、現金預金、有価証券等の民法上の財産
（注2）　生命保険金、退職手当金、生命保険契約に関する権利等
（注3）　仏壇・仏具、国等に寄付した財産、生命保険金のうち非課税金額
　　　　　（500万円×法定相続人の数）、死亡退職金のうち非課税金額（500万円
　　　　　×法定相続人の数）
（注4）　相続人が生前、相続時精算課税制度の適用を受けて被相続人から生
　　　　　前贈与を受けた財産
（注5）　銀行借入金、固定資産税未払金等の債務および葬式費用
（注6）　相続人が相続開始前3年以内に被相続人から贈与により取得した財
　　　　　産

4 相続税額の計算方法

前記③のとおり、被相続人の財産から債務控除をして計算された各人の課税財産の合計額をもとに相続税を計算することとなります。

その計算方法については、その課税価格の合計額をもとに法定相続人の法定相続分に応じて分配したものとみなして、相続税を計算することとされています（相続税法16条）。

ところで、日本の相続税の計算は、遺産課税方式をとっており、まず、被相続人の合計課税価格をもとに民法上の法定相続人（相続放棄した人がいても、その相続税放棄した人も含めます）が法定相続分で分割したこととみなし相続税の総額を確定させます。

その後、その計算された相続税総額に各人の取得した課税価格の割合により比例配分して、各人の負担すべき相続税が確定します。

米国では、遺産取得課税方式がとられており、各人の取得した課税財産をもとに計算することとなっていますので、日本の相続税計算と異なっています。

これは、遺産取得課税方式ですと遺産分割等により各人が取得する財産が確定するまで相続税の計算ができないこととなり、10カ月の納税申告期限に間に合わないこととなりますので、日本においては、被相続人の合計課税価格に着目して相続税の総額が確定できることとで、相続人の異動や遺産分割が長期になった場合の租税徴収の不安定さを避けるために制度化されています。

| ①課税価格の合計額 |

　　↓　各相続人の課税価格の合計額：前記③の金額合計

| ②基礎控除額 |

↓　基礎控除額②＝3000万円＋600万円×法定相続人の数

③課税遺産総額

↓　課税価格の合計額①－基礎控除額②＝課税遺産総額③

④法定相続分に応じる各人の取得金額

↓　課税遺産総額×各人の法定相続分＝各人の法定相続分に応じる各
取得金額④

⑤各人の取得金額による相続税

↓　各人の法定相続に応じる各取得金額×税率＝各人の法定相続分に
応じる相続税⑤

⑥相続税総額

↓　各人の法定相続分に応じる相続税の合計＝相続税総額

⑦各人の負担すべき相続税

相続税総額×各人の課税価格の割合＝各人の負担すべき相続税

その計算方法は、以下のとおりです。

このように、日本の相続税の計算は、法定相続分遺産課税方式により、ま
ず課税価格の合計額を計算し、次に法定相続分で分割したものとみなして各
人の課税価格により相続税の総額を計算するという、相続の開始時に被相続
人の相続税が確定する方式をとっています。

したがって、基本的には、相続放棄や遺産分割の影響を受ける前に相続税
が確定することとなっています。

（下﨑寛）

Q62　小規模宅地の特例

　被相続人の自宅等を相続した場合、その自宅等用地について評価減をすることができる相続税の小規模宅地の特例とは、どのようなものでしょうか。

▶ ▶ ▶ Point

① 　相続開始時において被相続人が「特定事業の用」、「特定居住の用」および「貸付事業の用」に供されていた宅地等については、一定の要件を満たすことにより、その宅地等の評価額を減額する特例が設けられています。

② 　その減額割合は、原則として、「特定事業の用」の宅地等は、400m^{2}まで80%減価、「特定居住の用」の宅地等は、330m^{2}まで80%減価、「貸付事業の用」の宅地等は、200m^{2}まで50%減価ができるようになっています。

③ 　この特例は、残された相続人の事業承継や生活拠点の確保、将来の生活保障等を考慮して設けられています。

1　小規模宅地の特例の概要

　小規模宅地の特例とは、個人が相続または遺贈（死因贈与を含み、贈与は除く）により取得した宅地等（土地のおよび土地の上に存する借地権等の権利）で、相続開始直前に被相続人等の居住の用、事業の用、貸付事業の用に供されていた宅地等について、一定の割合の金額がその宅地等の評価額より減額される特例です（租税特別措置法69条の4）。

　なお、相続開始直前に被相続人または当該相続人と生計を一にしていた当該被相続人の親族（以下、「被相続人等」といいます）の居住の用、事業の用、貸付事業の用に供されている一定の宅地等も適用がありますし、被相続人が

老人ホーム等で亡くなった場合も一定の要件を満たしていれば居住用の小規模宅地等の特例を受けることができます。

小規模宅地の特例に該当する宅地等は、以下の区分となっています。

相続開始の直前における 宅地等の利用区分				要件	限度面積	減額される割合
被相続人等の事業の用に供されていた宅地等	貸付事業以外の事業用の宅地等		①	特定事業用宅地等に該当する宅地等	400m²	80%
	貸付事業用の宅地等	一定の法人に貸し付けられ、その法人の事業（貸付事業を除きます。）用の宅地等	②	特定同族会社事業用宅地等に該当する宅地等	400m²	80%
			③	貸付事業用宅地等に該当する宅地等	200m²	50%
		一定の法人に貸し付けられ、その法人の貸付事業用の宅地等	④	貸付事業用宅地等に該当する宅地等	200m²	50%
		被相続人等の貸付事業用の宅地等	⑤	貸付事業用宅地等に該当する宅地等	200m²	50%
被相続人等の居住の用に供されていた宅地等			⑥	特定居住用宅地等に該当する宅地等	330m²	80%

（出典：国税庁ホームページ）

2　特定事業用宅地等とは

相続開始の直前において被相続人等の事業（不動産貸付業、駐車場業、自転車駐車場業および準事業（事業と称するに至らない不動産の貸付けその他これに類する行為で相当の対価を得て継続的に行うものをいう）を除く）の用に供されていた宅地等で、被相続人の親族が相続または遺贈により取得したものをいいます（租税特別措置法69条の4第3項1号）。

3　特定居住用宅地等とは

相続開始の直前において、被相続人の居住の用に供されていた宅地等で、次の要件に該当する被相続人の親族が相続または遺贈により取得したものをいいます（租税特別措置法69条の4第3項2号）。

⑴　**被相続人の居住の用に供されていた宅地等**

①　取得者が被相続人の配偶者であること

②　取得者が、被相続人の居住の用に供されていた一棟の建物に居住していた親族である場合は、相続開始の直前から相続税の申告期限まで引き続きその建物に居住し、かつ、その宅地等を相続開始時から相続税申告期限まで有していること

③　配偶者および②の親族以外の親族が取得した場合には、次の@〜①のすべての条件を満たすこと

　@　居住制限納税義務者または非居住制限納税義務者のうち日本国籍を有しない者ではないこと

　ⓑ　被相続人の配偶者がいないこと

　ⓒ　相続開始直前において被相続人の居住の用に供されていた家屋に居住していた被相続人の法定相続人（相続放棄があった場合には、その放棄がなかったものとした場合の相続人）がいないこと

　ⓓ　相続開始前3年以内に日本国内にある取得者、取得者の配偶者、取

得者の 3 親等以内の親族または取得者と特別の関係にある一定の法人が所有する家屋（相続開始の直前において被相続人の居住の用に供されていた家屋を除く）に居住したことがないこと

ⓔ　相続開始時に、取得者が居住している家屋を相続開始前のいずれの時においても所有していたことがないこと

ⓕ　その宅地等を相続開始時から申告期限まで有していること

⑵　被相続人と生計を一にしていた被相続人の親族の居住の用に供されていた宅地等

①　取得者が被相続人の配偶者であること（取得者が被相続人の配偶者であれば取得要件は特になし）

②　取得者が被相続人と生計を一にしていた親族の場合には、相続開始から相続時の申告期限まで引き続きその家屋に居住し、かつ、その宅地等を申告期限までに有していること

⑶　養護老人ホーム等に入居して相続開始した場合

被相続人の居住の用に供されていた宅地等が、養護老人ホームへの入所など被相続人が居住の用に供することができない一定の事由（下記の①または②の事由に限ります）により相続開始の直前において被相続人の居住の用に供されていなかった場合（被相続人の居住の用に供されなくなった後に、事業の用または新たに被相続人等以外の人の居住の用に供された場合を除きます）におけるその事由により居住の用に供されなくなる直前の被相続人の居住の用を含みます（租税特別措置法69条の 4 第 1 項、租税特別措置法施行令40条の 2 第 2 項・ 3 項）。

①　介護保険法19条 1 項に規定する要介護認定もしくは同条 2 項に規定する要支援認定を受けていた被相続人または介護保険法施行規則140条の62の 4 第 2 号に該当していた被相続人が次のⓐ〜ⓒに掲げる住居または施設に入居または入所をしていたこと

ⓐ　老人福祉法 5 条の 2 第 6 項に規定する認知症対応型老人共同生活援

助事業が行われる住居、同法20条の4に規定する養護老人ホーム、同法20条の5に規定する特別養護老人ホーム、同法20条の6に規定する軽費老人ホームまたは同法29条1項に規定する有料老人ホーム

ⓑ 介護保険法8条28項に規定する介護老人保健施設または同条29項に規定する介護医療院

ⓒ 高齢者の居住の安定確保に関する法律5条1項に規定するサービス付き高齢者向け住宅（ⓐの有料老人ホームを除きます）

② 障害者の日常生活及び社会生活を総合的に支援するための法律21条1項に規定する障害支援区分の認定を受けていた被相続人が同法5条11項に規定する障害者支援施設（同条10項に規定する施設入所支援が行われるものに限ります）または同条17項に規定する共同生活援助を行う住居に入所または入居をしていたこと

4 特定同族会社事業用宅地等とは

　相続開始の直前に被相続人およびその被相続人の親族その他の特別の関係がある人の有する株式の総数がその株式にかかる法人の発行株式の総数または出資の総数の10分の5を超える法人（以下、「特定同族会社」といいます）の事業の用に供されていた宅地等を相続または遺贈により取得し、その被相続人の一定の親族が相続開始時から申告期限まで引き続き有し、かつ、申告期限まで引き続きその法人の事業の用に供されているものをいいます（租税特別措置法69条の4第3項3号）。

5 貸付事業用宅地等とは

　相続開始の直前において被相続人の貸付事業（不動産貸付業、駐車場業、自転車駐車場および準事業に限る。以下、「特定貸付事業」といいます）の用に供されていた宅地等で、一定の要件に該当する被相続人の親族が相続または遺贈により取得した宅地等（租税特別措置法69条の4第3項4号）。

特定貸付事業に該当する宅地等には、賃貸建物の敷地および構築物として、アスファルト舗装されている駐車場等に供されている敷地が該当しますが、単なる青空駐車場等は構築物を設置していないことから該当しないこととされます。

6　限度面積

小規模宅地の特例を適用する場合、特定事業用、特定居住用、貸付事業を併用する場合には、以下のように、限度面積が制限されます（具体的には、国税庁ホームページを参照）。

① 特定事業用宅地等に該当する宅地等

② 特定同族会社事業用宅地等に該当する宅地等

③ 一定の法人に貸し付けられ、その法人の事業の用に宅地等である貸付事業用宅地等

④ 一定の法人に貸し付けられ、その法人の貸付事業用の宅地等で貸付事業用宅地等に該当する宅地等

⑤ 被相続人の貸付事業用宅地等で貸付事業用宅地等

⑥ 特定居住用宅地等に該当する宅地等

特例の適用を選択する宅地等が以下のいずれに該当するかに応じて、限度面積を判定します。

特例の適用を選択する宅地等	限度面積
特定事業用等宅地等（①または②）および特定居住用等宅地等（⑥） （貸付事業用宅地等がない場合）	（①＋②）≦400m^2 ⑥≦330m^2 両方を選択する場合は、合計730m^2
貸付事業用宅地等（③、④または⑤）およびそれ以外の宅地等（①、②または⑥） （貸付事業用宅地等がある場合）	（①＋②）×200／400＋⑥×200／330＋（③＋④＋⑤）≦200m^2

（出典：国税庁ホームページ）

（下﨑寛）

Q63　相続税の申告および納税

> 相続税の申告および納税は、どのような手続になっているのでしょうか。

▶ ▶ ▶ Point

① 　相続税の申告義務がある場合、被相続人の相続が開始したことを知った日の翌日から10カ月以内に申告および納税する必要があります。

② 　相続税の申告書の提出先は、被相続人の住所地を管轄する税務署です。後日、修正申告または更正の請求についても、被相続人の住所地を管轄する税務署に行うこととなります。

1　相続税の申告・納税

　相続税の申告および納税は、相続または遺贈により取得した財産および相続時精算課税制度の適用を受けて贈与により取得した財産の額、3年以内に生前贈与を受けた財産の額の合計額から債務・葬式費用を控除した課税財産が、遺産にかかる基礎控除額を超える場合に必要となります（相続税法27条）。

　ただし、配偶者に対する相続税の税額軽減（相続税法19条の2項1号）、小規模宅地等についての相続税の課税価格の計算の特例（租税特別措置法69条の4項1号）等の適用を受けた人で、その特例を受けて納税額がないこととなった場合にも、その特例を受ける要件として相続税の申告をする必要があります。

2　相続税の申告期限と納税

　相続税の申告および納税は、被相続人の相続が開始したことを知った日の

翌日から10カ月以内に行わなければなりません（相続税法27条）。

　したがって、被相続人の相続が開始したことを知った日とは、家族であれば、被相続人の死亡に立ち会うことが多いので問題となりませんが、海外出張していた場合とか他の相続人により相続放棄により新たに納税義務者となった場合には、その納税義務者自身が相続人となったことを知った日の翌日から10カ月以内となりますので、実務的には、知った日の立証が必要となる場合があります。

　相続税の申告は、この法定申告期限までに申告書を提出することとなりますが、この期限が土曜日、日曜日、祝日などにあたるときは、これらの日の翌日が期限となります（国税通則法10条）。

　たとえば、申告期限が3月31日の土曜日であった場合、4月2日の月曜日が申告期限となります。法定申告期限を徒過しますと無申告加算税（原則：相続税の10％）や延滞税（延滞金利として、原則：年14.6％）がかかります。

　相続税の申告書の提出先は、原則として、被相続人の住所地を管轄する税務署とされています（相続税法62条・同附則3項）。

　その申告は、原則、納税義務者全員が共同により同一用紙ですることができますが（相続税法27条5項）、各相続人等が単独でも申告はできることとなっています。

　相続税の納税については、申告期限までに納税することとなります。申告期限までに納税をしませんと、日割りによる延滞税（原則：年14.6％）がかかります。

　相続税の納税方法としては、税務署から納付書を取得し、原則として、申告期限までに金銭で一括納付することとなります。納税については、税務署だけではなく、金融機関や郵便局の窓口でも納税できることとなっています。

　なお、金銭による一括納付が困難な場合には、一定の要件に基づいて相続税を分割納税する延納の方法とか相続財産を物納することができる制度があります。

3　更正の請求

　相続税申告書を提出した人は、その後申告書に誤りがあったことにより納付した相続税額が過大となった場合には、その一定の事由が生じた日の翌日から2カ月以内に更正の請求をすることができることとなっています（国税通則法23条）。

　なお、相続税法では、申告期限が10カ月以内となっているため、その期限内に遺産分割が終了しない場合や、民法の規定により複雑な問題が生じることから、実務上、未分割の状態で期限内申告をするケースが起こります。

　そこで、相続税法では、申告期限後、相続特有の事由が発生した場合、以下のような更正の請求の特則が認められています（相続税法32条）。

① 　未分割の財産について民法（民法904条の2（寄与分）を除く）の規定による相続分または包括遺贈の割合によって課税価格が計算されていた場合において、その後当該財産の遺産分割が行われ、共同相続人または包括受遺者が当該分割により取得した財産にかかる課税価格が、当該相続分または包括遺贈の割合に従って計算された課税価格と異なることとなったこと

② 　認知の訴え（民法787条）または推定相続人の廃除等（同法892条〜894条）の規定による認知、相続人の廃除、その取消しに関する裁判の確定、相続回復請求権（同法884条）による相続の回復、相続の承認、放棄の撤回、取消し（同法919条2項）による相続の放棄の取消しなどの事由により相続人に異動を生じたこと

③ 　遺留分侵害額の請求に基づき支払うべき金銭の額が確定したこと

④ 　遺贈にかかる遺言書が発見され、または遺贈の放棄があったこと

⑤ 　物納手続（相続税法42条30項）により条件を付して物納が許可された場合において、その条件にかかる物納財産の性質その他の事情に関して一定の事由が生じたこと

⑥　①〜⑤に規定する事由に準ずる一定の事由が生じたこと

⑦　相続財産法人にかかる財産が被相続人の特別縁故者などに分与されたこと

⑧　未分割財産が分割されたことにより、配偶者に対する相続税額の軽減（相続税法19条の２第２項）を適用して計算した相続税額が異なることとなったこと

⑨　被相続人が、国外転出する場合の譲渡所得等の特例の適用がある場合の納税猶予（所得税法137条の２第13項）の適用を受けていた場合において、納税猶予分の所得税額の納税義務を承継した相続人が、当該納税猶予分の所得税相当額を納付することになったこと等

　以上の事由により、その提出した申告等の課税価格、相続税額が過大となったときには、その事由が生じたことを知った日の翌日から４カ月以内に、相続税額の還付を求める更正の請求をすることとができるとなっています。

4　申告期限までに遺産分割が成立しない場合

　相続税申告は、相続を開始したことを知った日の翌日より10カ月以内に申告および納税することとなっており、その申告期限までに遺産分割が成立しない場合には、相続人が法定相続分により財産を取得したものとして課税価格を計算し、申告期限までに申告および納税することとなっています。

　したがって、相続税額が発生する場合、申告期限を徒過してしまいますと期限後申告による無申告加算税（原則：納税額の15％）や延滞税（原則：年14.6％）がかかります。

　また、遺産分割が確定しないことにより、未分割で申告する場合には、以下の特例を受けることができません。

①　配偶者に対する相続税額の軽減（相続税法19条の２第１項）

②　小規模宅地等についての相続税の課税価格の計算の特例（租税特別措置法69条の４第１項）

③　特定計画山林についての相続税の課税価格の計算の特例（同法69条の5第1項）

④　特定事業用資産についての相続税の課税価格の計算の特例（同法69条の5第1項）

　このような場合には、当初申告では、上記の特例を適用せずに申告および納税を済ませ、後日、遺産分割が確定した場合等、上記の事由が成立した後、更正の請求または修正申告をすることとなります。なお、①〜④の特例を受けたい場合には申告期限までに「申告期限後3年以内の分割見込書」を提出する必要があります。

5　修正申告

　相続税の申告を提出した人は、その相続税額に不足額がある場合には修正申告を提出することができます（国税通則法19条）。

　また、相続税法では修正申告の特則として、相続税の申告書または期限後申告書（相続税について税務署より更正決定された人を含む）を提出している人が相続税法32条の更正の請求の特則による事由（前記3の更正の請求の特則事由①〜⑨）が生じたことにより相続税額に不足を生じたときには、修正申告を提出することができます（相続税法31条1項）。

　なお、修正申告をする場合、過少申告加算税（原則：増差税額の10％、延滞税（原則：年14.6％）を納付することとなります。

　ただし、延滞税については、申告期限から1年以内の期間に対する延滞税の金額に限定されていますが、1年以後に修正申告を提出する場合は修正申告と同時に納税をする必要があり、その納税が遅れると、申告した日の翌日から納税した日までの遅滞税がかかることに注意をすべきです（国税通則法61条）。

（下﨑寛）

Q64　相続税の配偶者の税額軽減

配偶者にかかる相続税の税額軽減とはどのようなものですか。

▶ ▶ ▶ Point

① 夫婦の財産は夫婦間の協力によって形成されていることや、配偶者の老後の生活保障を考慮して、相続により配偶者が取得する財産については、税額控除として特別の特例が設けられています。

② その特例は、配偶者の法定相続分で計算した財産の金額と実際相続した財産のうち1億6000万円までの金額とのいずれか多い金額にかかる相続税が軽減されます。

1　制度の概要

配偶者の税額の軽減とは、被相続人の配偶者が遺産分割により実際に取得した正味の遺産額が、次の①②の金額のどちらか多い金額までは配偶者に相続税はかからない制度です（相続税法19条の2）。

① 1億6000万円

② 配偶者の法定相続分相当額

この配偶者の税額軽減は、配偶者が遺産分割などで実際に取得した財産を基に計算されることになっています。

したがって、相続税の申告期限までに分割されていない財産は税額軽減の対象とはなりません。

ただし、相続税の申告書または更正の請求書に「申告期限後3年以内の分割見込書」を添付したうえで、申告期限までに分割されなかった財産について申告期限から3年以内に分割したときは、税額軽減の対象となります（相

続税法32条)。

　なお、相続税の申告期限から3年を経過する日までに分割できないやむを得ない事情があり、税務署長の承認を受けた場合で、その事情がなくなった日の翌日から4カ月以内に分割されたときも、税額軽減の対象となります。

2 配偶者の税額軽減を受けるための手続

(1) 書類の提出

　税額軽減の明細を記載した相続税の申告書または更正の請求書に戸籍謄本等のほか遺言書の写しや遺産分割協議書の写しなど、配偶者の取得した財産のわかる書類を添えて提出することとなります。遺産分割協議書の写しには印鑑証明書も添付する必要があります。

(2) 期間の制限

　相続税の申告後に行われた遺産分割に基づいて配偶者の税額軽減を受ける場合は、分割が成立した日の翌日から4カ月以内に更正の請求をする必要があります。

(下﨑寛)

Q65 贈与税の配偶者控除

贈与税の配偶者控除とはどのようなものですか。

▶ ▶ ▶ Point

① 配偶者の老後の生活保障を考慮して、夫婦の婚姻期間が20年以上経過している場合に、配偶者の一方が他方に、居住用の不動産もしくは居住用不動産を取得するための金銭を贈与した場合、基礎控除のほかに最高2000万円の控除を受けられる特例です。

② その特例は、夫婦で一度しか適用を受けることができませんし、相続があった場合、相続財産の課税対象から除外されます。

1 特例の概要

婚姻期間が20年以上の夫婦の間で、居住用不動産または居住用不動産を取得するための金銭の贈与が行われた場合、基礎控除110万円のほかに最高2000万円まで控除（配偶者控除）できるという特例です（相続税法21条の5・21条の6、租税特別措置法70条の2の4）。

2 特例を受けるための適用要件

特例を受けるための要件は以下のとおりです。

① 夫婦の婚姻期間が20年を過ぎた後に贈与が行われたこと

② 配偶者から贈与された財産が、居住用不動産であることまたは居住用不動産を取得するための金銭であること

③ 贈与を受けた年の翌年3月15日までに、贈与により取得した居住用不動産または贈与を受けた金銭で取得した居住用不動産に贈与を受けた者

307

　が現実に住んでおり、その後も引き続き住む見込みであること

　①の「居住用不動産」とは、もっぱら居住の用に供する土地もしくは土地の上に存する権利または家屋で国内にあるものをいいます（具体的には後記④参照）。

　配偶者控除は同じ配偶者からの贈与については一生に一度しか適用を受けることができません。

3　特例を受けるための手続

以下の書類を添付して、贈与税の申告をすることが必要です。
①　財産の贈与を受けた日から10日を経過した日以後に作成された戸籍謄本または抄本
②　財産の贈与を受けた日から10日を経過した日以後に作成された戸籍の附票の写し
③　居住用不動産の登記事項証明書その他の書類で贈与を受けた人がその居住用不動産を取得したことを証するもの
④　金銭ではなく居住用不動産の贈与を受けた場合は、上記の書類のほかに、その居住用不動産を評価するための書類（固定資産税評価証明書など）が必要となります

4　配偶者控除の対象となる居住用不動産

　配偶者控除の対象となる居住用不動産は、贈与を受けた配偶者が居住するための国内の家屋またはその家屋の敷地です。居住用家屋の敷地には借地権も含まれます。

　なお、居住用家屋とその敷地は一括して贈与を受ける必要はありません。

　したがって、居住用家屋のみ、あるいは居住用家屋の敷地のみ贈与を受けた場合も配偶者控除を適用できます。この居住用家屋の敷地のみの贈与について配偶者控除を適用する場合には、以下のいずれかにあてはまることが必

要です。

①　夫または妻が居住用家屋を所有していること

②　贈与を受けた配偶者と同居する親族が居住用家屋を所有していること

具体的には@bのような事例があります。

@　妻が居住用家屋を所有していて、その夫が敷地を所有しているときに、妻が夫からその敷地の贈与を受ける場合

b　夫婦と子どもが同居していて、その居住用家屋の所有者が子どもで敷地の所有者が夫であるときに、妻が夫からその敷地の贈与を受ける場合

また、居住用家屋の敷地の一部の贈与であっても、配偶者控除を適用できます。

なお、居住用家屋の敷地が借地権のときに金銭の贈与を受けて、地主から底地を購入した場合も、居住用不動産を取得したことになり、配偶者控除が適用できます。

（下﨑寛）

Q66　相続時精算課税

相続税の相続時精算課税制度とはどのような制度ですか。

▶ ▶ ▶ Point

① 18歳（令和4年3月31日以前は20歳）以上の子または孫が、その者の直系尊属である60歳以上の父母または祖父母から生前に財産の贈与を受ける場合、贈与税評価額の2500万円まで贈与税がかからない制度です。なお、2500万円を超えた部分は、20％の贈与税がかかります。

② 贈与した父母または祖父母が死亡した場合、その贈与を受けた財産については、持戻し財産として、その相続時に、その贈与を受けたときの価額を加算し、相続税の対象となります。

③ この制度を選択した場合、途中で取消しはできません。さらに、選択後同一の贈与者から連続で生前贈与を受けた場合、累計で2500万円までは、贈与税はかかりませんが、それを超えると一律20％の贈与税がかかることとなっていますので、注意が必要です。

1 制度の概要

　相続時精算課税制度とは、原則として、60歳以上の父母または祖父母から、18歳以上の子または孫に対して財産を贈与した場合において選択できる贈与税の制度です（相続税法21条の9）。

　この制度の趣旨は、高齢化が進む日本において、高齢世代から若年層への資産移転を促進するために平成15年1月1日以後の贈与から適用することとなっています。

　この制度を選択する場合には、贈与を受けた年の翌年の2月1日から3月

15日の間に一定の書類を添付した贈与税の申告書を提出する必要があります。

　なお、この制度を選択しますと、その選択にかかる贈与者から贈与を受ける財産については、その選択をした年分以降、すべての贈与にこの制度が適用され、通常の「暦年課税」へ変更ができないことに注意をする必要があります。

　また、この制度の贈与者である父母または祖父母が亡くなった時の相続税の計算上、相続財産の価額にこの制度を適用した贈与財産の価額（贈与時の相続税評価額）を加算して相続税額を計算します。

　このように、相続時精算課税制度は、贈与税・相続税を通じた一体課税が行われる制度です。

2　適用対象者

　この特例を受けられる人については、以下のとおりとなっています。

　贈与者は、贈与をした年の1月1日において直系尊属の60歳以上の父母または祖父母であること。

　受贈者は、贈与を受けた年の1月1日において18歳以上の贈与者の直系卑属である推定相続人（子）または孫が対象となります。

　なお、「非上場株式等についての贈与税の納税猶予及び免除の特例」（租税特別措置法70条の7の5）の適用にかかる非上場株式等を取得する場合は、贈与者が贈与した年の1月1日において60歳以上であれば、受贈者（贈与を受けた年の1月1日において18歳以上の者に限ります）が贈与者の直系卑属である推定相続人以外の者でも適用できます。

　また、贈与により「個人の事業用資産についての贈与税の納税猶予及び免税」（租税特別措置法70条の6の8）の適用にかかる事業用資産を取得する場合、贈与者が贈与した年の1月1日において60歳以上であれば、受贈者（贈与を受けた年の1月1日において18歳以上の者に限ります）が贈与者の直系卑属である推定相続人以外の者でも適用できます。

3 適用対象財産等

贈与財産の種類、金額、贈与回数には制限がありません。

したがって、贈与者の保有している土地建物の不動産、現金預金、有価証券等が対象となります。

その贈与したときの価額は、相続税評価額で計算した価額が対象となります。

その贈与者が死亡したときには、その贈与したときの価額が、相続財産として加算されます。

4 税額の計算

(1) 贈与税額の計算

相続時精算課税の適用を受ける贈与財産については、その選択をした年以後、相続時精算課税にかかる贈与者以外の者からの贈与財産と区分して、1年間に贈与を受けた財産の価額の合計額をもとに贈与税額を計算します。

その贈与税の額は、贈与財産の価額の合計額から、複数年にわたり利用できる特別控除額（限度額：2500万円。ただし、前年以前において、すでにこの特別控除額を控除している場合は、残額が限度額となります）を控除した後の金額に一律20％の税率を乗じて算出します。

なお、相続時精算課税を選択した受贈者が、相続時精算課税にかかる贈与者以外の者から贈与を受けた財産について、その贈与財産の価額の合計額から暦年課税の基礎控除額110万円を控除し、贈与税の税率を適用し贈与税額を計算します。

(2) 相続税額の計算

相続時精算課税を選択した者にかかる相続税額は、相続時精算課税にかかる贈与者が亡くなった時に、それまでに贈与を受けた相続時精算課税の適用を受ける贈与財産の価額と相続や遺贈により取得した財産の価額とを合計し

た金額をもとに計算した相続税額から、すでに納めた相続時精算課税にかかる贈与税相当額を控除して算出します。

その際、相続税額から控除しきれない相続時精算課税にかかる贈与税相当額については、相続税の申告をすることにより還付を受けることができます。

なお、相続財産と合算する贈与財産の価額は、贈与時の価額（相続税評価額）とされます。

5　適用手続

相続時精算課税を選択しようとする受贈者（子または孫）は、その選択にかかる最初の贈与を受けた年の翌年2月1日から3月15日までの間（贈与税の申告書の提出期間）に納税地の所轄税務署長に対して「相続時精算課税選択届出書」を受贈者の戸籍の謄本などの一定の書類とともに贈与税の申告書に添付して提出することとされています。

相続時精算課税は、受贈者（子または孫）が贈与者（父母または祖父母）ごとに選択できますが、いったん選択すると選択した年以後贈与者が亡くなる時まで継続して適用され、暦年課税に変更することはできません。

暦年贈与と相続時精算課税制度の比較

	暦年贈与	相続時精算課税制度
贈与税の計算	（贈与金額−110万円）×税率	（贈与金額−2500万円）×20%
贈与条件	なし	60歳以上の父母または祖父母から20歳以上の子または孫への贈与
相続税との関係	原則相続税は対象外（ただし、相続時以前3年以内の贈与については加算）	相続時には加算

贈与税の申告納税	贈与の年の翌年 3 月15日までに申告納税	贈与の年の翌年 3 月15日まで申告納税 なお、相続時加算される場合は贈与税が控除できる
ポイント	小口で誰にも贈与できる	・大口の贈与ができる ・いったん選択すると撤回できない ・小規模宅地の評価減ができない ・加算されるので相続税の節税にはならない

（下﨑寛）

〔執筆者一覧〕

仲　　　隆　　（なか　たかし）

後藤美海子　　（ごとう　みみこ）

生方　麻理　　（うぶかた　まり）

大塚　　淳　　（おおつか　じゅん）

大植　幸平　　（おおうえ　こうへい）

岩井　婦妃　　（いわい　ふき）

三ツ村英一　　（みつむら　えいいち）

小林　智子　　（こばやし　ともこ）

矢作　和彦　　（やさく　かずひこ）

浦岡由美子　　（うらおか　ゆみこ）

吉田悌一郎　　（よしだ　ていいちろう）

宮田　百枝　　（みやた　ももえ）

森田　悟志　　（もりた　さとし）

安齋　瑠美　　（あんざい　るみ）

小西　麻美　　（こにし　まみ）

佐藤　正章　　（さとう　まさあき）

長濱　晶子　　（ながはま　あきこ）

藤﨑　太郎　　（ふじさき　たろう）

渡瀬　　耕　　（わたせ　こう）

瀬川　千鶴　　（せがわ　ちづる）

佐々木好一　　（ささき　こういち）

村松聡一郎　　（むらまつ　そういちろう）

下﨑　　寛　　（しもざき　ひろし）

相続・遺言のトラブル相談Q&A

令和5年3月31日　第1刷発行

定価　本体2,900円+税

編　　者　東京弁護士会法律研究部相続・遺言部
発　　行　株式会社　民事法研究会
印　　刷　株式会社　太平印刷社

発 行 所　株式会社　民事法研究会

〒150-0013　東京都渋谷区恵比寿3-7-16
TEL 03(5798)7257〔営業〕　FAX 03(5798)7258
TEL 03(5798)7277〔編集〕　FAX 03(5798)7278
http://www.minjiho.com/